몸이 예전 같지 않을 때
당신이 배워야 할 것,

소쿠리 뜸

몸이 예전 같지 않을 때
당신이 배워야 할 것,

소쿠리뜸

1판 1쇄 발행 2015년 4월 23일
1판 3쇄 발행 2015년 5월 15일

글쓴이 최성진
그린이 김병수, 이은선
펴낸이 안광욱
펴낸곳 도서출판 비엠케이

편집 상현숙 **디자인** 아르떼203
제작 (주)꽃피는청춘
출판 등록 2006년 5월 29일(제313-2006-000117호)
주소 서울시 마포구 성미산로 10길 12 화이트빌 101
전화 02) 323-4894 **팩스** 070) 4157-4893
이메일 arteahn@naver.com

값은 표지에 있습니다.
ISBN 978-89-965605-9-3 13510

일원화 공급처 (주)북새통
주소 서울시 마포구 서교동 465-4 광림빌딩 2층
전화 02) 338-0117 **팩스** 02) 338-7161
이메일 bookmania@booksetong.com

「이 도서의 국립중앙도서관 출판시도서목록(CIP)은 서지정보유통지원시스템 홈페이지(http://seoji.nl.go.kr)와
국가자료공동목록시스템(http://www.nl.go.kr/kolisnet)에서 이용하실 수 있습니다.(CIP제어번호: CIP2015010365)」

몸이
예전 같지
않을 때

소쿠라뜸

당신이 배워야 할 것,

최성진 글
김병수, 이은선 그림

도서출판 Bmk

우리는 몸이 뻐근하면 안마를 받거나 뜨거운 방바닥에 눕고 싶어집니다. 그러면 신기하게도 몸이 풀리는 것을 느낍니다. 열과 압력으로 기혈을 원활하게 하고 싶은 몸의 자연스러운 욕구인 것입니다. 우리 몸에는 세로로 가로로 흐르는 기의 흐름길이 있다고 합니다. 바로 경락입니다. 이 경락을 두드리는 것이 안마이고, 문지르는 것은 마사지이며, 경락에 열을 집중적으로 가하는 것은 쑥뜸입니다.

최성진 선생은 동양 철학과 소쿠리 뜸, 경락에 대해 정말로 알아듣기 쉽고 이해하기 편하게 설명해주는 분입니다. 특유의 재기와 넉살로 보는 사람들을 즐겁게 해줄 뿐만 아니라 조금의 지루함도 느끼지 않게 강의를 잘 이끌어갈 줄 압니다. 그런데도 어떻게 하면 대중에게 더 가까이, 쉽게 다가갈 수 있을지 계속 고민하고 새로운 방법을 계발하며 더 나은 강의법을 찾기 위한 방법을 끝없이 모색중입니다.

최성진 선생의 『몸이 예전 같지 않을 때 당신이 배워야 할 것, 소쿠리 뜸』이라는 책에 대해 들었을 때 저는 깜짝 놀랐습니다. 선생이 나를 위해 책을 쓴 줄 알았습니다. 요즘 부쩍 '몸이 예전 같지 않다'고 느끼기

니다.

　몸과 마음이 가장 지치고 힘들 때 저는 '사람이 힘이 들면 공부를 해야 한다'는 조상님 말씀을 떠올렸습니다. 그래서 조상님 말씀을 찾아 공부를 시작했습니다. 그렇게 10년이라는 시간이 흘러갔습니다. 제가 했던 공부는 제도권 밖의 공부였습니다. 운이 좋았는지 좋은 선생님들을 정말 많이 만났고 그분들로부터 많은 지식과 지혜를 얻었습니다. 옛말에 '많으면 천하고 없으면 귀하다'고 했습니다. 동양학을 배우려는 사람들이 그리 많지 않다 보니 공부할 때마다 제 나이가 가장 어렸습니다. 5~60대 선배님들 틈에서 30대 중후반이었던 저는 귀한 대접을 받았고 그 덕분에 선생님들과 선배님들이 제게 더 많은 것을 주셨던 것 같습니다. 그래서 필요에 의해 공부를 시작했던 제가 이제는 이렇게 책까지 낼 수 있게 된 것 아닌가 싶습니다.

　이 책은 조상님들의 생활 의술이었던 뜸과 침을 누구나 쉽게 배울 수 있게 한 입문서입니다. 그러나 무조건 방법만을 서술한 것이 아니라 그런 지혜가 어디서부터 비롯되었는지 철학적인 설명부터 시작했고 그 철학의 틀 속에서 방법을 풀어가려고 했습니다. 소쿠리 뜸에 대한 설명과 더불어 경락 경혈에 대한 설명도 많이 하고 있습니다. 특히 경락 경혈을 지하철 노선에 비유해서 설명함으로써, 누구나 어렵게만 느끼는 부분을 가장 쉽게 풀어보려고 노력했습니다.

하지만 책의 제목을 굳이『몸이 예전 같지 않을 때 당신이 배워야 할 것, 소쿠리 뜸』이라고 한 것은, 이 책을 읽는 분들이 다른 것은 모두 놓치고 잊어버려도 소쿠리 뜸만은 배우고 익혀 자신의 것으로 삼았으면 하는 마음 때문입니다.

혈자리를 외우고 짚는 것이 복잡하고 난해하며 침을 사용하는 것은 더더군다나 겁나고 엄두가 안 나는 일일 수 있음을 이해합니다. 저도 그랬으니까요. 하지만 나 자신이, 혹은 내 부모나 가족, 특히 자식이 아프다고 하면, 어디 침뿐이겠습니까? 그보다 훨씬 더한 것도 전혀 겁나지 않고 어떻게든 무엇이든 해보고 싶어지는 것 역시 사람의 마음입니다.

그러나 아직 급한 것 없고 건강을 미리 돌볼 몸과 마음의 여유가 있는 분들이라도 소쿠리 뜸만은 꼭 해보실 것을 권합니다. '몸이 예전 같지 않을 때' 말입니다.

30대에게 재물이 든 바구니와 건강이 든 바구니 중 하나를 택하라

고 하면 재물이 든 바구니를 택할 것입니다. 40대에게 둘 중 하나를 선택하라고 하면 반반씩 담아가도 되느냐고 되물을 것입니다. 50대에게 선택하라고 하면 건강이 든 바구니를 선택할 것입니다.

지금 내 건강의 나이가 만물이 생겨나는 봄의 계절인지, 만물이 커져가는 여름의 계절인지, 만물을 거둬들이는 가을의 계절인지, 만물이 감춰지는 겨울의 계절인지는 본인 스스로가 가장 잘 알 것입니다.

만약 내 몸과 마음의 나이가 가을이라면 힘들 때마다 소쿠리 뜸을 해보십시오. 소쿠리 뜸이야말로 겨울을 일찍 맞이하지 않고 가을의 정취를 오래 느끼게 해줄 수 있는 자신만의 비법이 될 것이라고 장담할 수 있습니다.

이 책이 나올 수 있게 끝까지 용기를 주신 부모님과 침돌이 승원이, 그리고 많은 가르침을 주신 역학 선생님, 침 선생님, 사주관상 선생님, 훈장님과 많은 후원을 해주신 후원자분들께 다시 한 번 감사의 말씀을 드립니다. 앞으로 더욱더 겸손하게 살아가도록 하겠습니다.

2015년 4월 최성진

1 장

엄마 손은 약손

개똥이 배는 똥배,
엄마 손은 약손!

사람은 아랫배가 따뜻해지면 원기가 회복되어서
병을 치유할 수 있는 근원의 힘이 생긴단다.

침돌이 아빠, 정말 누구나 쉽게 뜸이나 침을 배울 수 있나요?

아빠 그럼. 오죽 쉬우면 내가 너한테 가르쳐 주려고 하겠니? 뜸과 침은 옛날 우리 선조들께서 쉽게 배우고 사용했던 의술이란다. 반면에 약은 부유한 사람들이나 쓸 수 있던 거지. 요즘 약이야 그렇지 않지만 옛날에 약이라는 건 먹고 살기도 바쁜 백성들이 쉽사리 구할 수 있는 게 아니었거든.

침돌이 그렇군요. 그런데 아빠, 단군 할아버지 이야기를 보면 호랑이와 곰이 사람이 되려고 동굴에서 쑥과 마늘만 먹고 살았다고 하잖아요. 원래는 100일 동안 기다리라고 했는데 호랑이는 참다 못해 동굴을 뛰쳐나오고 곰은 21일 만에 사람이 되었다고 하는데, 거기 나오는 쑥과 마늘도 전통 의술과 관련이 있는 건가요?

아빠 글쎄다. 쑥과 마늘만 먹고 삼칠일, 그러니까 21일 동안 생활하면 사람이 될 거라고 할 수야 없겠지만, 그것보다는 쑥과 마늘이 얼마나 이로운지를 말해주는 증거라고 보면 좋지 않을까 싶구나. 마늘과 쑥의 효능은 단군신화에 등장할 정도로 역사와 유래가 깊다는 뜻으로 말이야.

침쟁이 할아버지

그렇군요. 저도 앞으로 고기 구워 먹을 때, 마늘을 많이 먹도록 하겠습니다. 그런데 아빠, 침쟁이 할아버지는 누구예요? 할머니가 그러시는데 옛날에는 아프면 침쟁이 할아버지한테 가서 침 맞고 감사의 표시로 약주 한 병이나 담배를 놓고 오면 됐다고 하시던데요?

그랬었지. 침쟁이 할아버지는 취해 계실 때가 많았다고 하던데, 그건 의료시설이 지금보다 열악했다는 얘기라고 볼 수 있지.

그래도 갑자기 다리가 삐었다든가 배가 아픈 경우에는 동네에 계신 침쟁이 할아버지께 바로 가서 큰 침을 맞으면 신기하게도 많이 고쳐졌단다. 그분들이 계셔서 초기의 급한 병을 많이 해결하지 않았나 싶기도 하고……. 아울러 고질병도 침으로 많이 고치기도 하고 그랬었지.

😊 그럼 그분들은 의학 공부를 많이 하신 분들이었나요?

😄 물론 많이 하신 분들도 계셨겠지만, 대개는 그렇지 못했다고 들었다.

😊 아니 왜요?

😄 물론 의서를 공부하면 깊은 내용까지 알겠지만, 옛날에는 글을 배우고 공부할 수 있는 사람이 그렇게 많지 않았단다. 혹 공부를 했다 하면 약에 관한 공부를 많이 했지. 아빠 생각에는 침을 놓고 얻는 수입보다는 약을 팔아서 얻는 수입이 훨씬 크다 보니 침은 거의 공짜로 놔주지 않았나 싶다. 또한 손기술이 있는 사람은 글을 몰라도 어깨 너머로 눈치껏 침 놓는 것을 보고 들어서 금세 배우기도 했겠지. 그리고 임상을 통해서 직접적인 치료의 경험을 얻기도 하고. 이러한 것이 쌓이다 보면 임상 경험이 상당히 높아질 수도 있지 않았겠나 싶구나.

😊 아빠, 그런데 왜 침쟁이 할아버지는 아이들에게 공포의 대상이 되었을까요?

😄 너는 주사 맞는 것 좋아하니?

😊 아뇨. 많이 맞아봤지만 솔직히 무섭고 아프죠.

😄 맞다. 예전 침을 요즘 침과 비교해보면 굵기가 더 굵었지. 그래서 침을 놓으면 통증이 많았고. 그러니까 우는 애한테는 침 맞는 것이나 호랑이가 둘 다 공포의 대상이 되었을 거야.

😊 아, 그렇군요. 그럼 아빠, '엄마 손은 약손이다'라는 말과 전통 의술도 서로 연관이 있나요?

😄 연관이 있다마다. 옛날에는 아이가 아프면 엄마가 아이를 무릎에 누여놓고 이렇게 말하곤 했단다. "쑥쑥 내려가라. 개똥이 배는 똥배고 엄마 손은 약손이다."

개똥이 배는 똥배,
엄마 손은 약손!

열이 많이 난다든지, 복통이 심할 때 엄마의 따뜻한 손길은 그 어떤 약보다도 좋은 치료 방법이었단다.

사람은 아랫배가 따뜻해지면 원기가 회복되어서 병을 치유할 수 있는 근원의 힘이 생긴단다. 옛날에는 배가 아프면 쑥뜸뿐만이 아니라 기왓장을 뜨겁게 해서 배에다 올려놓기도 했어. 요즘 아빠가 너에게 자주 해주는 소쿠리 뜸도 이런 원리의 일종이란다. 그래서 너도 이제는 몸이 좀 이상하다 싶으면 소쿠리 뜸을 해달라는 거 아니니, 그렇지?

그렇죠. 하지만 그 뜸뜨는 한 시간 동안 텔레비전을 편하게 볼 수 있는 것도 뜸을 뜨는 이유 가운데 하나랍니다, 헤헤.

예끼, 이놈아!

화장실과 해우소

그런데 아빠, 침뜸을 배우려면 꼭 동양학을 먼저 배워야 하나요?

글쎄, '꼭'이라고 할 수는 없겠지. 하지만 동양학의 기본 이치를 알면 침뜸을 이해하는 데 아주 큰 도움이 되는 건 분명하단다.

그런데 왜 동양학은 어렵다고 느껴질까요?

옛말에 '많으면 천하고 없으면 귀하다'고 했다. 서양 학문이 들어오기 전에는 사람들이 일상생활에서도 한자를 많이 쓰다 보니 동양학이 어렵다는 생각을 덜 했지만, 서양 학문이 들어오면서 동양 학문은 뒤로 물러나게 되었고 소수의 사람들만 공부하게 되었지. 그 결과 서양 과학을 중심으로 한 서양학은 보편화된 반면 동양 철학을 중심으로 한 동양학은 특별하게 여겨지게 된 거지. 특별하다는 건 일반적이지 않다는 것이 되었고 그것은 곧 어렵다는 뜻으로 받아들여지게 된 거고 말이야.

서양학과 동양학은 많이 다른가요?

글쎄, 그거야말로 어떻게 보느냐에 달린 것 같은데…….

일례로 화장실에 대해서 접근하는 방식을 보면 서양식 사고로는 화장실이 단지 먹은 음식이 소화되고 난 찌꺼기를 배설하는 곳이지만 동양에서는 거기다 '마음의 근심까지도 풀어놓고 오는 곳'이라는 뜻을 더했단다. 그래서 화장실을 해우소解憂所라고도 했지.

이렇듯 동서양의 문화 차이가 분명히 있는 것인데, 일방적으로 한쪽만이 우세하다는 주장은 좀 잘못되지 않았나 싶구나. 차이를 인정해 주어야 하는데 말이다.

침돌아! 외국어 중에서 영어와 중국어를 하나 선택해 배우라면, 너는 어느 것을 선택하겠니?

저는 영어요. 학교에서 매주 배우니까 배우기가 중국어보다 쉽지 않을까요?

그럴 수도 있겠지. 하지만 일반인들에게 물어본다면 중국어라는 대답도 많이 나올 것 같다. 요즈음 영어 잘하는 사람은 많이 있단다. 반면에 중국어 잘하는 사람은 그보다 적지. 하지만 필요성을 놓고 본

다면 중국어 잘하는 사람이 더 대우받을 확률이 높을 거야. 그 이유
는 우리나라가 앞으로는 중국과 교역을 더 많이 해야 되기 때문이
지. 이런 것이 바로 필요에 의한 변화가 아닐까 싶다.

🙂 뜸이나 침 같은 전통 의술도 그런 변화 속에 있는 걸까요?

🙂 그렇지. 요즈음 부쩍 건강에 대한 관심들이 높아지고 있지. 사람들이
자연 치유와 예방에 대한 관심을 가지면서 뜸이나 침에 대해서도 관
심을 늘려가는 것 같구나.

🙂 그렇군요. 아빠! 그럼 아빠가 동양학의 기초에 대해 쉽게 설명해주
실 수는 없으세요?

🙂 물론 설명해줄 수 있지. 아주 심오하고 철학적인 것은 학자들의 몫
으로 두고, 네가 알아들을 만한 수준에서 설명해주마.

🙂 네, 동양학이라는 말만 들어도 왠지 심오할 것 같긴 하지만 쉽게 쉽
게 부탁드립니다~!

그래요? 그럼 한 번 설명해주세요.

우선 동양학은 철학적 개념에서부터 시작된다고 보아야 한다. 한문은 무슨 글자라고 했지?

뜻글자요.

무극 無極

그래. 극極이라는 글자를 옥편에서 찾아보면 '다한다'라는 뜻도 있고 '근원, 근본'이라는 뜻도 있단다. 흔히 쓰는 말 중에 남극, 북극의 의미는 '다한다'라는 뜻으로 극점을 나타내지. 하지만 무극의 뜻은 '근원도 없다'는 뜻으로 서양학의 관점에서 보면 우주 창조라는 '빅뱅 이전의 세계'라고 설명하면 이해할 수 있지 않을까 싶다. 완전히 철학적인 용어지.

그럼 태극太極은 무슨 뜻이에요?

태太 자의 의미도 여러 가지가 있는데, 일반적으로 '크다'라는 의미도 많이 쓰이지만 '처음'이라는 의미도 있단다. 그래서 '태극'이라는 뜻은 '처음에 시작되는 근원'이라는 의미로 세상사의 시작점을 나타내지. 무극, 태극은 형이상학적인 용어로 실제 현실에서 사용되기보다는 이상향적인 의미를 내포하고 있단다.

좀 어려운데요. 조금 더 쉽게 설명해주실 수는 없을까요?

너 혹시 이런 말 아니? '진인사대천명盡人事待天命'이라고.

예, 들어봤어요. 일단 자신의 최선을 다한 후에 잘되기를 기다려야 한다, 그런 뜻 아닌가요?

그렇지. 잘되기를 기다린다, 그게 하늘의 명命을 기다린다는 거다. 하늘의 명 즉 천명天命은 인간은 유한有限하기에 무한無限적인 하늘의 운명을 기다린다는 의미지. 그때 사용되는 '하늘'이라고 말을 하면 이해할 수 있을까?

태극 太極

알 것 같기도 하고 어렵기도 하고 그런데요?

'사람이 죽는다'를 우리는 어떻게 표현하지?

'돌아가신다'고 하죠.

그래. 그 '돌아가신다'가 바로 '하늘로 돌아가신다'라는 거야. 그때의 '하늘'을 지칭한다면 이해할 수 있겠니?

아, 그러니까 구름이 떠 있는 하늘이 아닌, 내가 힘이 들 때 기댈 수 있고, 내 고민을 말할 수 있는 그런 하늘을 말하는 거군요.

그래, 그게 바로 형이상학적形而上學的인 하늘이란다.

알겠어요. 그럼 다음 설명을 해주세요.

숫자로 본 세상

만물을 '수 2의 관점'으로 보면 음양은 태극에서 둘로 나누어진 개념인데, 하늘과 땅, 낮과 밤, 일日과 월月의 개념이지.
이게 동양학의 가장 중요한 큰 틀이란다. 음양을 떠나서는 동양학을

논할 수 없다 해도 틀린 말이
아니다. 음양에 대해서는 뒤에
가서 조금 더 자세하게 설명해
주마.

🙂 네, 알겠습니다.

😊 '수3의 관점'으로 만물을 바라
보는 것을 '3재三才'라고 하지.
'수2의 관점'으로 만물을 하늘
과 땅으로 나눈다고 보면, '수

3의 관점'으로는 하늘과 땅 사이에 사람이 들어가는 거란다. 그래서
천天, 지地, 인人의 3분적인 시각으로 볼 수 있다는 것이다.

일상생활에서 가위, 바위 보를 할 때 삼세 판을 하는 것은 3재의 영
향을 받은 결과물이지.

🙂 그럼 가위바위보도 동양학이라는 뜻인가요?

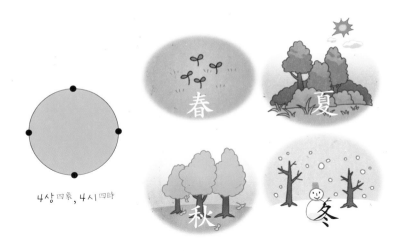

4상四象, 4시四時

😀 뭐, 쉽게 예를 들자면 그렇다는 거야.

😀 수 4의 관점으로 보는 것은 알겠어요. 4계절 아닌가요?

😀 그렇지. 4계절이 대표적인 '수 4의 관점'이란다. 그리고 4방四方, 4상
의학四象醫學도 수 4의 관점이지.

동양 의술은 계절의학季節醫學이라고도 한단다. 4계절인 봄, 여름,
가을, 겨울에 맞게 생활하면 건강을 지킬 수 있다는 거야. 봄은 따뜻
하기에 만물이 생하는 때이고生, 여름은 뜨겁기에 만물이 자라나는
때이고長, 가을은 서늘하기에 만물을 거두는 때이고收, 겨울은 차가
우면서 만물이 감추어지는 때藏란다.

건강하려면 이러한 계절의 순환을 알고, 그 계절에 맞게 생활해야
한단다.

4상의학은 사람의 체질을 네 가지로 구별하여 태양太陽, 태음太陰,
소음少陰, 소양少陽 체질로 구분한 것이란다.

😀 그럼 만물을 수 5의 관점으로 바라보는 것은 어떤 것이 있을까요?

😀 수 5의 관점으로 바라본 가장 대표적인 것이 5행五行이란다. 5행의

철학적인 개념을 이야기하려
면 한없이 길고 어려워질 수
있으니 이것 역시 네가 이해할
수 있는 정도로만 쉽게 이야기
해줄게.

1년 365일을 5등분하면 얼마
씩 될까?

🧒 그야 365 나누기 5 하면…….
73이네요.

🧑 그렇지. 그렇게 73일로 나누어
진 다섯 개를 5운運이라고 한
단다. 처음의 것을 초운初運이

라고 하고 다음 것은 2운二運, 3운三運, 4운四運 그리고 맨 나중 것을
종운終運이라고 한단다.

또 다른 이름으로는 초운을 목운木運, 2운을 화운火運, 3운을 토운土
運, 4운을 금운金運, 종운을 수운水運이라고 해서 5운五運이라고 하
는데, 목, 화, 토, 금, 수의 순서는 절대로 바뀌지 않는단다. 즉 목木부
터 시작을 해서 수水로 끝난다는 것이지.

조금 정리를 하자면 하늘은 양陽이고 그 하늘을 5등분한다고 생각을
하면, 초운, 2운, 3운, 4운, 종운이라고 이름 부를 수 있고, 그것의 또
다른 이름을 목운, 화운, 토운, 금운, 수운이라고 이야기할 수 있단다.

침돌아, 행진行進이라는 말의 뜻을 혹시 아니?

🧒 알죠. 함께 걸어가는 거잖아요.

🧑 그래. 행진行進이라는 말의 뜻은, 여러 사람이 발을 맞추어서 앞으로

걸어가는 것인데 이때 행行의 뜻은 '다닌다'라는 뜻으로 '목화토금수로 다닌다' 해서 5행行이라 말을 할 수가 있지.

중요한 것은 하늘의 개념 즉 양의 개념에서 5행의 순서는 목, 화, 토, 금, 수로 진행한다는 거란다. 어렵고 철학적인 개념이니까 여기까지만 하자꾸나.

그런데 아빠! 5행이 뜸이나 침과 관련이 있나요?

그럼, 아주 관련이 깊단다. 경락의 명칭 혹은 장부의 명칭을 5행으로 구분하기 때문이지.

예를 들자면 목 경락은 간담 경락이고, 화 경락은 심장 소장 경락이고, 토 경락은 비위 경락이고, 금 경락은 폐 대장 경락이고, 수 경락은 신장 방광 경락이라고 하는데 이 개념을 모르고 무조건 외운다는 것은 옳지 않은 것 같구나.

그렇군요. 그럼 이제 6에 대해 이야기해주세요.

'수 6의 관점'으로 만물을 여섯으로 구분하는 것은, 예를 들면 1년 365일을 6등분하는 걸 생각해볼 수 있단다. 그럼 대략 60일이 되겠지? 즉 두 달 정도가 되는데, 첫 번째 60일을 초지기初之氣라 하고, 그 다음을 2지기二之氣, 3지기三之氣, 4지기四之氣, 5지기五之氣, 마지막을 종지기終之氣라 해서 6기六氣라고 한단다.

5운의 개념은 양陽, 즉 하늘에서 논한다고 생각하면, 6기의 개념은 음陰, 즉 땅에서 논한다고 생각하자꾸나.

크게 본다면 5운은 하늘, 즉 양의 개념으로 보고, 6기는 땅, 즉 음의 개념으로 바라보라는 말씀이신가요?

그렇지. 초지기, 2지가, 3지기, 4지기, 5지기, 종지기의 또 다른 이름으로 초지기는 궐음厥陰, 2지기는 소음少陰, 3지기는 태음太陰, 4지기

수를 합산해서 7규七竅라고 말을 하지. 숫자 7과 관련이 있는 말이란다.

8은요?

'수 8의 관점'을 설명할 때 예로 많이 드는 것은 방위를 나타내는 8방
方이란다. 동서남북東西南北 즉 사방
을 다시 나누면 8방이 되지. 『주역』
에서도 선천8괘先天八卦라는 것이
있는데, 이것도 '수 8의 관점'으로 설
명할 수 있단다.

9는요?

동양 철학에서 최고의 수는 9라고
한단다. 예를 들면 바둑의 최고수는
10단이 아니고 9단이야. 태권도와
검도의 최고유단자도 9단이지. 결코
10단이 될 수가 없단다.

그 이유는 10단은 완성수完成數이기에 완벽하다고 볼 수 있는 신神들의 영역이고, 인간들은 불완전하고 유한적인 존재이기에 9를 사용하는 것이지.

그래서 10과 0은 같은 개념으로 완벽하고 완전한 것이라고 보면 되지.

🙂 아, 그렇군요. 지금 처음 들어봤어요.

😊 침돌아! 우리 몸에는 구멍이 몇 개나 있을까?

🙂 눈, 귀, 코 둘씩에 입, 그리고 소변, 대변 나오는 곳, 모두 아홉 개 아닌가요?

😊 그렇지. 그런데 말이다. 부父의 정精과 모母의 혈血이 만나서 엄마 뱃속에서 태아로 자랄 때는 구멍이 열 개였지. 그런데 출산과 동시에 배꼽의 탯줄이 끊기면서 하나가 막히게 되지.

이것을 보면 인간은 엄마 뱃속에서는 완벽한 10의 수인데, 세상에 태어나는 순간 불완전한 세계 즉 유한한 세상에 속하는 거지. 이렇게 인간의 세상에서는 수 9가 최고의 수가 된다는 것도 재미있는 동양 철학적 표현이지?

🙂 재미있네요.

😊 수 0부터 수 9까지의 논리 과정을 그림으로 표현해서 그려보면 이렇게 된단다.

수 1, 3, 5, 7, 9는 가운데로 모이는 취聚이고, 수 0, 2, 4, 6, 8은 흩어지는 산散라는 개념으로 설명하면, 모이고 흩어지는 취산의 흐름도 크게 보면 '수 2의 관점'으로 바라볼 수 있지. 결국 수 0부터 수 9까지의 흐름은 취산聚散이기에 취산도 음양으로 볼 수 있단다. 그래서 수의 흐름도 음양 관계로 설명할 수 있는 거지.

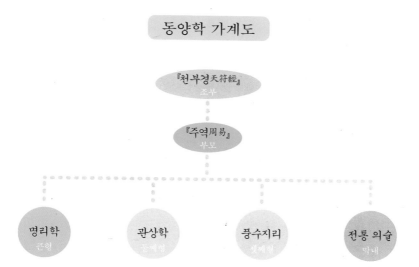

동양학 가계도

『천부경天符經』
조부

『주역周易』
부모

명리학
큰형

관상학
둘째형

풍수지리
셋째형

전통 의술
막내

일간日干을 기준으로 나의 위치를 배속配屬시킨 후, 조부모, 부모, 나, 처, 형제자매, 자식을 각각의 사주에 배속시키지. 그리고 각각의 사주에 해당되는 천간과 지지를 목화토금수로 바꾼 후에 인생살이의 여정을 풀어가는 학문이란다.

🙂 명리학도 '수의 관점'과 연관이 있나요?

🙂 '수 2의 관점'에서 천간은 양이 되고 지지는 음이 되지. '수 4의 관점'은 4개의 기둥과 관련이 있고 '수 8의 관점'은 여덟 글자와 관련이 있지. 그리고 각각의 여덟 글자를 '수 5의 관점'으로 목, 화, 토, 금, 수 5행五行으로 바꾸면서, 더불어 살아가는 현실세계에서 부딪치며 살아가는 6친親의 가족관계군을 '수 6의 관점'으로 이해할 수 있지. 결국 '수 2, 4, 5, 6, 8의 관계성'을 이해한다면, 명리학을 공부하는 데 동양 철학의 수의 논리가 도움이 될 수 있지 않을까 싶구나.

🙂 아빠 말씀은 기본적으로 명리학도 동양 철학의 한 방술학으로 보면서

『천부경』과 『주역』의 틀로 명리학을 이해할 수 있다는 말씀이군요.

그렇지. 더 깊게 연구하고 공부해서 한 사람의 사주를 풀어가는 과정을 '통변通辯'이라고 하는데, 그 통변의 과정은 임상하는 것처럼 많은 시간과 열정을 바쳐야 되지 않을까 싶구나.

그럼 관상학觀相學은 수의 논리와 어떤 관련이 있을까요?

관상학도 수의 논리와 관련이 있지.

'수 3의 관점'으로 얼굴을 삼등분했을 때, 이마를 '상정上停', 코까지를 '중정中停' 턱 부위를 '하정下停'이라 해서, '상정'은 초년기의 운을, '중정'은 중년기의 운을, '하정'은 말년기의 운을 나타낸다고 본단다. 그래서 아래턱이 많이 뾰족하거나 하면 말년의 운이 좋지 않을 수도 있다고 해석하는 것이 관상학적인 해석이지.

단지 '수 3의 관점'으로만 '상정', '중정', '하정'을 논하는 것은 아니겠지요?

물론이지. 수 5의 논리로는 5악五嶽도 있고 다른 것도 많이 있지만, 아빠가 말하고 싶은 것은 동양 철학의 '수의 논리'라는 관점에서 모든 실용적인 방술학은 수數와 연관이 있다라는 것뿐이란다.

그중에서 아빠는 침뜸 의술에 대해서는 조금 자세하게 설명하고, 나머지 방술학에 대해서는 그 분야의 선생님들이 많이 계시니 자세히는 말하지 않으려고 한다. 그냥 너한테 개념만 잡아주려는 거야.

그럼 풍수지리風水地理도 '수의 관점'으로 바라볼 수 있을까요?

그럼. 살아 있는 사람들의 거주하는 공간을 양택陽宅이라고 하고, 사람이 돌아가시면 쓰는 곳을 묘자리라 하는데 음택陰宅 혹은 지혈地穴이라고도 하지. 예나 지금이나 명당明堂이라고 불리는 좋은 땅자리에는 많은 사람들이 관심을 가지고 있지.

풍수도 음양론으로 볼 수 있고 공간空間을 다루는 학문이란다.

명리는 시간時間을 다루고 풍수는 공간空間을 다룬다고 하셨는데, 시간과 공간도 음양론으로 말할 수 있겠군요.

그렇지. 우주라는 말뜻을 풀어보면 우宇는 천지사방天地四方을 나타내는 공간적인 개념이고 주宙는 고왕금래古往今來, 즉 옛것이 가고 지금이 온다는 의미가 있어서 시간적인 측면을 강조하고 있지. 우주라는 말 속에도 음양이 들어 있다고 보면 된단다.

그럼 막내인 동양 의술東洋醫術에 대해서도 말씀해주세요.

거시적으로 동양 의술은 침뜸鍼灸과 탕약湯藥으로 구별한단다. 침뜸

은 내 몸 속의 에너지를 이용하는 치료술이고, 탕약은 좋은 약초를 가지고 치료하는 방식을 취한단다. 즉 탕약은 약초라는 것에 의타依他하는 것이고, 침뜸은 내 몸에 기氣라는 에너지를 순환시키는 것이지. 치료하는 형식으로만 본다면 의타依他와 비의타非依他로 구별할 수 있겠지. 이것도 '수 2의 관점'으로 보면 음양론으로 설명할 수 있단다. 그리고 아빠는 약은 잘 모르고 침뜸에만 관심이 있어. 그리고 사람들에게는 특히 소쿠리 뜸의 효능과 방법에 대해 널리 알려주려고 하고.

네. 그러니까 '수 2의 관점'으로 동양 의술인 침뜸과 탕약도 음양론으로 논할 수 있고, 풍수지리도 양택과 음택으로 음양론을 설명할 수 있고, 명리학도 천간과 지지를 통해서 음양론으로 이해할 수 있다는 말씀이군요. 그럼 모든 것은 음양론으로 나눌 수 있다고 이해해도 되나요?

동양 의술은 침, 뜸, 탕약으로 구별한단다.

그렇지! 세상만물을 이것과 저것으로 구분하는 것이 음양론의 핵심이고 기본이지.

예를 들면 하늘과 땅, 남과 여, 좌와 우, 주야晝夜의 길이 차이로 본 하지夏至와 동지冬至, 철학哲學과 과학科學, 단순과 복잡, 열熱과 한寒, 앞과 뒤, 등과 배, 손과 발 같은 것들은 한쪽을 양陽이라고 보았을 때, 또 다른 쪽을 음陰이라고 볼 수 있단다. 즉 상대적相對的인 것이라고 할 수 있겠지.

그럼 어떤 것은 양이고, 어떤 것은 음이라고 정해져 있는 건가요?

아니란다. 극즉반極則反이라는 말이 있지. 글자 그대로 풀이하자면, 다하면 곧 반대로 간다는 말인데, 하지와 동지라는 절기를 가지고 극즉반을 설명해보자.

낮의 길이가 가장 긴 절기節氣를 하지夏至라고 하는데, 하지 다음 날부터는 낮의 길이는 줄어들고 밤의 길이가 길어지지. 그렇게 해서 추분秋分이 되면 낮과 밤의 길이가 같아지게 되고. 그리고 나면 계속 밤의 길이가 길어지는데 끝없이 길어지는 것은 아니고 동지冬至를 기점으로 해서 다시 낮의 길이가 길어지고 밤의 길이가 줄어들면서 춘분春分에는 낮과 밤의 길이가 같게 된단다.

다시 말하면 낮의 길이가 다할 때 즉 가장 길 때 반대로 밤의 길이가 길어지기 시작하고, 밤의 길이가 다하면 즉 가장 길어지면 다시 낮의 길이가 길어지기 시작하는 것이 극즉반極則反이란다.

아, 그렇군요.

인생살이와도 비슷하지. 살다 보면 가장 성공했다고 생각되는 시기에 이미 나쁜 일이 시작되므로 항상 겸손해야 되고, 가장 힘들다고 생각될 때 긍정의 힘으로 이겨내면 곧 반드시 좋은 일이 일어나는 것과 같은 이치란다.

정확하게는 모르겠지만 대략 어떤 의미인지는 알 것 같아요.

그래? 『주역』에서는 이것을 일음일양지위도一陰一陽之謂道라고 했단다. 하나의 음과 하나의 양을 일러서 도道 즉 길이라고 했는데, 변화變化를 이야기하기도 하지. 낮이 있으면 밤이 있고 밤이 있으면 낮이 있고, 어려움을 겪을 때가 있으면 행복할 때도 있다라는 뜻이란다. 단순하지만 힘 있는 말 같지 않니?

큰 음양의 틀을 '극즉반'의 논리로 풀어본다면 낮과 밤으로 나누어지는 '수2의 관점'을 '하루'라는 '수1의 관점'으로 바라볼 수도 있겠네요. 또 행복할 때와 불행할 때의 생활을 '수 2의 관점'으로 볼 수도 있지만, '인생人生'이라는 '수 1의 관점'에서는 행幸과 불행不幸도 인생의 여정으로 볼 수도 있을 것 같아요.

그렇지. 네가 잘 이해한 것 같구나. 변화되는 두 개의 것들, 예를 들면 동지와 하지. 행복과 불행을 음양으로 구분할 수 있는 것이 '수 2의 관점'이라면, 하루의 관점과 인생의 삶이라는 '수 1의 관점'에서는 동지와 하지, 행복과 불행도 '수 1의 관점'에 포함시킬 수 있는 것이란다. 이러한 것들이 동양학의 어려운 점이자 낯선 철학적 개념들이란다. 어때, 역시 어렵지?

어렵다기보다는 알 것 같으면서도 생각해보면 또 모르겠고 그래요. 아리송하긴 하지만 그래도 시간이 가면 이해할 수 있을 것 같아요.

소쿠리 뜸

소쿠리 뜸은
몸을 따뜻하게
해준단다.

한 마디로 병이란 몸의 조화와 균형이 깨지는 데서 오는 것이고,
소쿠리 뜸은 몸이 조화와 균형을 이루도록 해주는 것이니,
이 좋은 것을 안 할 이유가 어디 있겠니?

🧒 아빠, 요즈음 동네에서 쑥뜸방이라는 것을 쉽게 볼 수 있는데 그런 곳은 뭘 하는 곳인가요?

👨 말 그대로 쑥뜸을 떠주는 곳이야. 예전에는 쑥뜸을 매개체로 건강에 관련된 사업을 할 수 없었단다. 법적으로 금지되었지. 하지만 몇 년 전부터는 가능하게 되었어. 단 직접 몸에 쑥뜸을 뜨는 것은 불가능하고 간접 뜸을 사용하는 것은 허용이 된 거지. 그래서 건강에 관심을 갖고 계신 분들이 쑥뜸방을 이용하게 된 거야.

🧒 그렇군요. 우리 가족은 집에서 그냥 하는 것을 다른 사람들은 쑥뜸방으로 가는 거군요.

누구나 집에서 쉽게

👨 그렇지. 그래서 아빠가 소쿠리를 이용해 쑥뜸 뜨는 방법을 알려주려

는 거야. 몸이 아픈 데가 있다거나 아프지 않더라도 건강에 관심을 가지고 있는 사람은 누구나 소쿠리 뜸을 이용해서 스스로 건강을 지킬 수 있고, 아픈 몸을 회복시킬 수도 있다는 것을 가르쳐주고 싶어서.

👦 스스로 한다면 셀프self로 할 수 있다는 건가요?

👨 그럼. 자기 스스로, 혼자서도 할 수 있는 거니까…….

👦 직접 뜸을 뜨는 것과 간접 뜸이 있다고 그러셨죠?

👨 그래. 뜸에는 몸에 직접 뜸을 놓고 쓰는 직접구直接灸와 다른 도구를 써서 간접적으로 뜨는 간접구間接灸가 있단다.

뜸이라고 하면 사람들은 보통 '뜨겁다', '흉이 생긴다'라는 선입견을 가지고 있는데, 직접구는 그럴 수도 있겠지. 하지만 아빠는 직접구의 효과와 우수성도 알고 있지만, 대중적으로 쓸 수 있는 소쿠리 뜸에 대해서 가르쳐주려고 한단다.

👦 쑥뜸을 뜨는 이유는 무엇 때문인가요? 우리 가족은 특별히 아픈 곳이 있어서가 아니라 소쿠리 뜸을 그냥 자연스러운 생활처럼 하고 있잖아요.

👨 맞다. 우리 가족은 소쿠리 뜸이 일상생활이 되었지. 소쿠리 뜸을 많이 해본 네가 한 번 말해보아라. 소쿠리 뜸을 하면 뭐가 좋았니?

👦 우선 배 위에 소쿠리 뜸기를 올려놓고 있으면 뱃속이 아주 따뜻해지면서 기분이 좋아져요. 평온해진다고 해야 할까요? 그러면서 온몸이 다 따뜻해지고 마음도 안정되는 것 같아요.

소쿠리 뜸, 뭐가 좋을까?

🙂 그래, 네가 말한 대로야. 쑥뜸은 예로부터 전해내려오는 아주 훌륭한 자연 치유법이란다. 몸에 이상이 생겼을 때 해당 부위의 경혈에 뜸을 떠주면 치료의 효과가 아주 뛰어나지. 그런데 아빠가 가르쳐주려는 소쿠리 뜸은 치료의 효과보다는 병의 예방과 건강을 지키는 수단이라고 보는 게 좋을 것 같구나.

😊 그럼 한방 예방주사 같은 거겠네요?

🙂 그렇지. 모든 병의 근원을 차단하는 예방주사, 혹은 몸에 피로와 독소가 쌓이지 못하도록 미리 맞아두는 영양제쯤으로 생각하면 어떨까 싶다.

😊 네, 그런데 쑥뜸의 효과에 대해서 조금만 더 구체적으로 설명해주시면 좋겠어요.

🙂 그래, 알겠다. 쑥뜸의 가장 좋은 점은 네가 말한 대로 몸을 따뜻하게 해준다는 거란다. 사람은 몸이 차가워지면 병에 걸리기 쉽게 되지. 몸에 찬 기운이 들어오면 몸의 균형이 깨지기 때문이야.

😊 아, 그래서 늘 아빠가 한사 들어온다고 조심하라고 하시는 거군요?

🙂 맞아. 몸에 찬 기운이 들어오는 것을 한사寒邪 든다고 한단다. 한사는 추위나 찬 기운이 병을 일으키는 사기邪氣가 된 것을 말하지. 한사는 기와 혈액 순환에 방해가 되어 여러 병의 원인이 되지.

소쿠리 뜸의 좋은점
1. 몸을 따뜻하게 해준다.

🧑 소쿠리 뜸은 몸을 따뜻하게 해주니까 그렇게 한사 드는 것도 막고 몸의 균형을 잡아주는 거라는 말씀이고요?

👨 그렇지. 그리고 또 소쿠리 뜸을 하면 면역 기능도 좋아진단다. 뜸을 통해 양기가 활성화되고 몸의 기운이 조화롭게 되면 백혈구의 식균 작용을 강화시켜준다는구나. 그러니 평소에 소쿠리 뜸을 통해 기의 순환을 순조롭게 해두면 들어올 질병을 막고, 설사 병이 든다 하더라도 치료가 좀더 쉬워지겠지?

🧑 그렇겠네요.

👨 그리고 소쿠리 뜸은 허한 기를 보충해주는 역할도 한단다. 소쿠리 뜸은 우선은 주로 단전에 올려놓는데, 사람에게 단전이란 나무로 치자면 뿌리에 해당한단다. 단전으로부터 모든 기운이 시작되고, 또 모인다는 말이야. 그러니 단전을 따뜻하게 해준다는 것은 나무 뿌리에 거름을 넉넉히 주는 것과 마찬가지라고 생각하면 될 거야.

🧑 네, 그렇군요. 어쨌든 소쿠리 뜸만 잘해도 영양제를 따로 먹을 필요가 없겠는데요?

👨 그럼, 물론이지. 한 마디로 병이란 몸의 조화와 균형이 깨지는 데서 오는 것이고, 소쿠리 뜸은 몸이 조화와 균형을 이루도록 해주는 것이니, 이 좋은 것을 안 할 이유가 어디 있겠니?

🧑 아빠, 그런데 혹시 소쿠리 뜸에도 부작용 같은 게 있을 수 있나요? 보통 약에는, 다음과 같은 증상이 있는 사람은 사용을 금합니다.……같은 게 있잖아요.

소쿠리 뜸의 좋은점
2. 면역 기능을 돕는다.
3. 허한 기운을 보충해준다.

😊 아니, 소쿠리 뜸은 부작용이 거의 없단다. 다만 처음 소쿠리 뜸을 시작할 때는 뜸을 뜨면서, 혹은 뜨고 나면 몸이 약간 근질근질할 수도 있고, 땀이 나면서 가렵거나 배가 빨개지기도 하는데 그건 곧 없어지는 것이니 걱정하지 않아도 돼. 그런 신체상의 변화나 느낌을 명현 현상이라고 하는데, 명현 현상은 부작용이 아니라 조금이라도 균형을 잃었던 몸이 다시 균형을 찾아가는 과정에서 나타나는 반응이라고 생각하면 돼. 걱정할 일은 전혀 아니라는 거지.

😊 네, 들으면 들을수록 소쿠리 뜸을 꼭 해야겠다는 생각이 드는데요. 그런데 소쿠리 뜸은 얼마나 자주 하는 게 좋은가요?

😊 글쎄, 아빠가 직접 임상 결과를 비교 분석해보지는 않았다만 일주일에 두세 번 하는 것을 권한단다. 매일 해도 나쁘지 않겠지만 막상 하다 보면 번거롭다는 생각이 들 거야. 그러니 대략 일주일에 두세 번 한다는 생각으로 꾸준히 해나가는 게 좋을 것 같다.

준비물

😊 알겠습니다. 그럼 이제 소쿠리 뜸의 방법에 대해서 구체적으로 설명해주세요.

😊 그래, 그러자꾸나. 먼저 소쿠리 뜸기를 구해야겠지. 뜸이나 침 관련 용품을 파는 곳에 직접 가서 보고 사도 되겠지만 간편하게 인터넷을 통해서 구매할 수 있지. 소쿠리 뜸기는 다른 용품들처럼 재질과 크기가 다양하지 않으니 인터넷 쇼핑으로 사도 충분해.

😊 소쿠리 뜸기는 값이 대략 얼마 정도인가요?

😊 만 원 정도.

🙂 준비물은 그럼 소쿠리 뜸기만 있으면 끝인가요?

😀 아니야. 소쿠리 뜸기 말고도 약쑥(혹은 막쑥), 얇은 수건 한 장, 볶은 천일염, 도톰한 세면용 수건 세 장, 무릎담요, 쑥에 불을 붙일 라이터나 토치가 필요하단다.

🙂 쑥은 어떤 걸 쓰는데요?

😀 약쑥이라고 해서, 말린 쑥을 솜처럼 만들어서 파는 게 있어. 요즘 쑥뜸의 효능이 많이 알려져서 500g이나 800g, 1Kg씩 포장해서 판단다. 어느 제품이 특별히 좋다고 할 수는 없고 취향에 따라 선택하면 될 것 같다. 처음 할 때 적은 용량의 것을 구입해서 써보면 차츰 자신에게 맞는 것을 찾을 수 있을 거야.

🙂 약쑥도 소쿠리 뜸기처럼 인터넷으로 구매해도 될까요?

😀 그럼, 소쿠리 뜸기 파는 곳에서 약쑥도 같이 팔고 있으니까. 경우에 따라서는 한약재를 파는 곳이나 경동시장 같은 곳에서 질 좋은 약쑥을 직접 구입해서 제분소에 맡겨 솜처럼 만들어서 쓰는 사람들도 있기는 하단다.

소쿠리 뜸 준비물

쑥은 나중에 손으로 뭉쳐서 소쿠리에 넣어야 하는데, 요즘에는 공장에서 아예 쑥봉을 만들어서 팔기도 해. 상황에 따라서는 이런 쑥봉을 사서 쓰는 것도 좋은 방법인 것 같다. 쑥봉 두 개 정도를 쓰는 게 좋던데, 화력이 좀 약하다 느껴지면 세 개를 써도 괜찮고.

네, 소쿠리 뜸기, 쑥, 얇은 수건, 천일염, 세면용 수건 세 장, 무릎담요, 라이터. 그럼 이제 준비는 끝인가요?

그래, 준비물은 그 정도면 된 것 같다.

그 다음은요?

우선 소쿠리 뜸기의 맨 밑에다 얇은 수건을 깔아. 소쿠리 안에는 천일염을 볶아서 2.5cm 정도 넣을 건데, 천을 깔지 않으면 대나무 사이로 소금이 나올 수도 있기 때문이지.

꼭 천일염을 볶아야 돼요?

글쎄다. 볶지 않는다고 해서 약효나 뜸의 효능이 얼마나 줄어드는지 역시 실험해보지 않아서 잘 모르겠다. 하지만 천일염을 볶으면 약간 비릿한 냄새가 나는데 이게 소금에 섞여 있는 중금속 성분들이 타는

시중에서 판매되는 쑥봉 기성품

1. 소쿠리 뜸기 위에 얇은 수건을 깐다.

냄새라더구나. 그러니 볶는 과정을 통해서 이렇게 불순물들을 날려 버린 소금을 사용하는 게 좋지 않을까?

네, 알겠어요.

옛 선조들은 소금을 배꼽에 채운 후 뜸을 뜨셨다고 하는데, 소쿠리 뜸에서는 그렇게 하지 않고 대신 소쿠리에 천을 깔고 볶은 소금을 넣는 거란다.

소금을 2.5cm 넣는 데에도 이유가 있나요?

아, 그건 대략 검지손가락 한 마디쯤을 말하는 거야. 2.5cm에서 약간 모자란다거나 넘는다고 해서 큰일이 나는 건 아니란다. 소금은 타는 쑥의 불기운이 배에 직접 닿지 않도록 열을 차단해주는 역할도 하고, 또 훈연된 쑥의 기운을 정화시키는 역할도 해준단다.

그럼 만 원 정도 하는 소쿠리 뜸기와 약쑥만 있으면 누구나 한방 영양제를 마음껏 누릴 수 있다는 말씀이세요?

그렇다니까! 소쿠리 뜸기, 약쑥, 소금 한 주먹만 있으면 저렴하고 효과 만점인 가정 쑥뜸방이 된다는 말이야.

2. 뜸기 안에 볶은 천일염을 2.5cm 정도 넣는다

3. 쑥봉을 2개~3개 준비한다.

50

🧒 그럼 굳이 시간 내고 돈 내서 쑥뜸방엘 가지 않아도 된다는 뜻이고요?

🧑 글쎄. 쑥뜸방은 각자 나름대로의 장점과 편의성이 있겠지. 하지만 이치로 본다면 집에서 셀프로 하는 소쿠리 뜸의 효능도 충분히 좋다는 말이란다.

🧒 그럼 소쿠리 뜸은 일종의 비법일텐데 아빠는 왜 그 비법을 공개하시는 거죠?

🧑 침뜸의 보편화와 대중화를 위해서지. 어차피 뜸과 침은 조상님들 것이고, 나도 내 선생님한테 배운 것을 너를 위해 쓰다 보니 익히게 된 것뿐인데, 이왕이면 더 널리 알려서 필요한 사람들이 요긴하게 쓰면 좋은 것 아니겠니?

연기 잡는 비법

🧒 알겠어요. 그럼 다음 순서에 대해 얘기해주세요.

🧑 그래. 소쿠리에 헝겊을 깔고 볶은 천일염을 2.5cm 정도 넣은 뒤에,

4. 쑥봉에 불을 붙인다.

그 위에 약쑥 한 주먹을 뭉치거나, 쑥봉 두세 개에 불을 붙여서 넣으면 돼. 불을 붙일 때는 위에다 불을 대는 게 아니라 꼭 아래에다 붙여야 한단다. 그래야 쑥봉 전체가 잘 타기 때문이야. 불을 붙일 때는 일반 라이터를 써도 되긴 하지만 안전을 위해서는 캠핑용 토치나 초에 불 붙일 때 쓰는 긴 라이터를 쓰는 게 좋지.

네, 그런 다음에는요?

그리고 나서는 세면용 수건을 반으로 접어서 그 위를 덮고 소쿠리 틈새를 수건으로 단단히 꼭 막아준다. 막을 때는 소쿠리 타원의 기다란 쪽이 아니라 짧은 쪽부터 막아야 단단하게 막을 수 있어.

그런데 그럼 연기와 냄새가 심하게 나지 않나요?

맞다. 연기가 심하지. 쑥 타는 냄새도 많이 나고. 소쿠리 뜸의 최대 장점은 배에다 직접 소쿠리를 올려놓음으로써 아랫배가 찬 사람이나 기운이 없는 사람에게 따뜻한 기운을 북돋울 수 있다는 것인데, 문제는 연기와 냄새지.

동양 의술은 철학이 기본이 되는 경험의학이라고 볼 수 있는데, 아

5. 세면용 수건을 반으로 접어 뜸기를 덮고 틈새를 막는다.(짧은 쪽부터)

빼는 연기를 없애는 방법 역시 생활 속에서 찾았단다. 바로 수건과 가스레인지 위의 레인지 후드지.

🙂 수건요? 세수하고 나서 쓰는 수건 말씀이세요?

😊 그래, 맞아. 너무 얇은 수건은 안 되고, 적당히 두꺼운 수건을 반으로 접어서 불 붙인 쑥뜸을 넣은 소쿠리 위를 덮는 거야. 그냥 덮어두기만 하는 것이 아니라 소쿠리 위를 수건으로 막으면서 소쿠리 틈새를 수건으로 밀봉하는 거란다. 그렇게 하고 나서 다시 한번 더 수건을 덮어주면 연기는 거의 다 잡을 수 있단다.

🙂 그게 다인가요? 연기를 잡는 비법 치고는 너무 쉬운데요?

😊 쉽지. 그런데 수건을 덮는다는 생각을 하기까지가 결코 쉽지는 않았단다. 수건을 덮으면 쑥에 붙은 불이 꺼지지 않을까 싶기도 했고, 반대로 수건에 쑥의 불이 옮겨붙지 않을까 염려되기도 했지. 그런데 여러 차례 해본 결과 쑥뜸의 효과에도 지장이 없을 뿐더러 불이 붙을 염려도 거의 없다는 것을 알게 되었지.

🙂 수건을 반으로 접는 데에도 이유가 있나요?

😊 그건 소쿠리 뜸기의 크기 때문이야. 굳이 수건 전체를 펼 필요가 없는 거지. 그리고 반으로 접어서 소쿠리를 덮어주면 수건 두 장을 겹쳐 덮은 것과 같으니 연기가 덜 나기도 하고.

🙂 그리고 나서 그 위에 다른 수건을 두 장이나 더 덮는다는 거죠?

😊 그렇지. 그러니까 무릎담요를 제외하고 수건은 총 네 장이 필요하게 되지. 배 위에 한 장 깔고, 소쿠리 위에 세 장 깔고……
네 장의 수건을 한 세트라고 했을 때 우리 집에서는 수건 두 세트를 준비해서 한 번 뜸을 뜰 때 사용한 수건은 빨아 널고, 다음엔 다른 세트를 사용하고, 그런 식으로 쓰고 있지. 뜸을 뜨는 사람을 배려해준

다는 의미로 매번 새로 빤 깨끗한 수건을 사용한단다. 어떠냐, 소쿠
리 뜸과의 만남을 통해서 아빠가 수건의 쓰임새를 하나 더 만든 것
이? 이런 것이 바로 비법秘法이란다, 비법.

🙂 글쎄요, 뭔가 엄청난 것을 기대했는데 그 비법이라는 게 생각 외로
좀 시시하달까요? 하하.

🙂 그런가? 어쨌든 아빠로서는 오랜 실패와 시도 끝에 얻은 결론이라서
꼭 비법이라고 말하고 싶구나.

🙂 아빠, 그런데 수건을 그렇게 여러 겹 겹쳐서 덮으면 공기가 통하지
않아서 쑥뜸의 불이 꺼지지 않을까요?

🙂 그럴 경우는 희박하단다. 왜냐하면 소쿠리는 틈새가 있기 때문에 공
기가 잘 통하고, 수건도 면이기 때문에 공기 소통이 원활하지. 그리
고 중요한 게 또 남았단다.

냄새 잡는 비법

🙂 중요한 거요? 그게 뭐죠?

🙂 냄새를 잡아야 하지 않겠니?

🙂 맞아요. 쑥에 불을 붙이면 연기도 연기지만 매케하면서도 독한 쑥
특유의 냄새가 엄청나게 나잖아요.

🙂 그래, 어떤 분들은 쑥뜸이 탈 때 나는 연기와 냄새 자체가 면역력과
효능을 가지고 있어서 오히려 좋다고도 하시더라만, 집에서 그 냄새
와 연기를 모두 쐬며 뜸을 뜨는 것은 너무 무리스럽더구나. 그래서
아빠는 주방 가스레인지 위의 레인지 후드를 활용한단다.
레인지 후드는 요리할 때 생기는 냄새를 빼내는 주방기구인데, 그

밑에다 소쿠리 뜸기를 10분에서 15분 정도 놓고 있으면 냄새는 거의 다 빠지게 된단다.

🧑 그런데 레인지 후드는 굉장히 높이 설치되어 있잖아요.

😊 그렇지. 그러니까 레인지 후드 바로 밑으로 소쿠리 뜸기가 갈 수 있도록 뜸기의 위치를 올려주면 탈취가 훨씬 더 쉽게 되겠지? 그래서 아빠는 못 쓰는 화분을 놓고 그 위에 소쿠리 뜸기를 올려놓고 쓰고 있지. 경우에 따라서는 빈 쓰레기통을 쓸 수도 있겠고, 아무 거나 뜸기의 높이를 올려줄 수 있는 거라면 다 쓸 수 있어.

🧑 그런데 아빠, 그렇게 두면 소쿠리 뜸기에서 노란 쑥진이 많이 빠져서 화분 안에 쑥진이 쌓이면서 냄새도 나던데, 그 쑥진을 없앨 수 있는 방법은 없을까요?

😊 있지. 주방에서 쓰는 일회용 비닐을 화분 안에 넣으면, 쑥진이 비닐 안으로 모이게 되니까 그 뒤에 바로 걷어버리면 된단다.

🧑 10분에서 15분 정도 레인지 후드 아래에 놓으라고 하셨는데요, 그 전에 소쿠리 뜸을 가져다 쓰면 안 되나요?

😊 물론 될 수도 있겠지. 하지만 쑥이 어느 정도 연소되기 위해서는 10분에서 15분 정도의 시간이 소요되고, 냄새에 민감한 사람 같은 경

우에는 연소를 더 시킨 후에 사용하는 것이 좋을 듯싶구나. 아빠의 경험으로는 10분에서 15분 정도를 지켜 주는 것이 불완전 연소를 막는 방법일 것 같다.

🙂 그럼 그렇게 쑥뜸에 불이 붙고 나면 곧바로 배 위에 소쿠리 뜸기를 올려놓으면 되나요?

🙂 그렇지. 일단 배 위에 얇은 수건 한 장을 덮은 뒤에 뜸기를 올려놓으면 되는 거야.

🙂 뜸기를 배의 어느 부위에다 놓으면 될까요?

🙂 좋은 질문이다. 우선은 배꼽 밑에다 수건을 깔고 그 위에 소쿠리 뜸기를 올려 놓는단다. 우리가 일상 생활에서 얘기하는 '하단전 下丹田'이라는 곳이기도 하지. 그리고 있다가 너무 뜨겁다 느껴지면 배꼽으로 옮길 수도 있고, 윗배로 옮길 수도 있고…….

그렇게 단전에서 배꼽으로, 윗배로 움직이다 보면 배 전체가 다 뜸을 올려놓을 수 있는 공간이 될 수 있지. 그만큼 소쿠리 뜸은 배 전체를 활용할 수 있기에 효과 면에서 탁월하고, 소금을 두껍게 넣었기

6. 소쿠리 뜸기를 레인지 후드 아래에 두고 레인지 후드를 켠다.

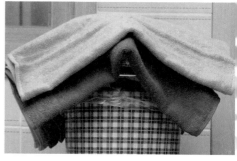

7. 다른 수건 두 장을 반으로 접어 소쿠리 뜸기 위에 더 얹은 뒤 10~15분간 둔다.

😀 보통은 한 시간 안팎인데, 뜸의 크기에 따라서 다르단다. 현실적으로는 한 시간에서 한 시간 반 정도가 좋더구나.

😀 그럼 어른이 먼저 뜸을 뜨고 난 후 그 뜸기 그대로 아이가 이어서 쓰는 건 어떨까요?

😀 그야 물론 가능하지. 아이가 뜨거운 것에 대한 거부감이 심하거나 할 때는 그것도 괜찮은 방법이다. 하지만 적응이 되면 따로 따로 하는 것이 좋아. 아무래도 새로운 쑥의 기운으로 해주는 게 좋지 않겠니? 다만 아이한테 할 경우에는 뜸의 크기를 줄이는 것도 방법이 될 수 있겠지.

😀 소쿠리 뜸을 하고 나서의 주의사항 같은 것도 있나요?

😀 특별한 주의사항은 없단다. 하지만 뜸을 뜨면서 몸에 양기와 열기가 찼을 터이니 갑자기 찬바람을 맞거나 찬물 샤워를 한다거나, 심한 운동이나 술은 피하는 것이 좋겠지. 그리고 이건 주의사항까지는 아니지만, 생활의 지혜를 하나 말해준다면 소쿠리 뜸을 하고 나서 곧바로 사람 많은 곳엔 가지 않는 게 좋아.

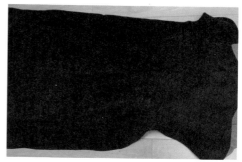

10. 몸 전체를 무릎담요로 덮는다. 너무 뜨거우면 뜸기를 조금씩 이동시켜가며 한 시간 정도 뜸을 뜬다.

🙂 그건 왜죠?

🙂 몸과 옷에 쑥뜸 냄새가 배어 있기 때문에 담배 피우고 왔느냐는 소리 듣기 딱 좋단다, 하하.

🙂 아, 네. 그럼 외출할 일이 없는 주말이나 저녁 시간에 소쿠리 뜸을 뜨고 나서 다음날 아침 샤워를 하고 외출하는 게 가장 좋겠는데요?

🙂 그렇지.

🙂 아빠! 그런데 뜸을 뜨고 나면 다 타버린 쑥봉과 소금은 어떻게 해요? 버리면 되나요?

🙂 맞다, 질문 잘했구나. 소쿠리 뜸을 다 하고 났으면 뒤처리를 잘해야 한단다. 별것 아닌 거지만 자칫 하면 온 집안에 불 냄새가 진동할 수도 있고 옷마다 쑥불 냄새가 배일 수도 있거든.

🙂 어떻게 하면 되는데요?

🙂 우선 뜸이 끝나고 나서 소쿠리를 열어보면 다 타고 난 쑥봉과 검은색으로 변한 소금이 있겠지?

🙂 예.

한 시간 동안 뜸을 뜨고 난 뒤 쑥봉의 모습.

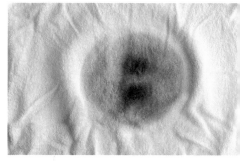

처음 소쿠리 뜸기를 덮은 수건의 모습.

🙂 일단 쑥봉의 재는 부서지지 않도록 숟가락으로 살짝 떠내서 버리면 돼. 비닐 봉지에 넣어서 묶은 뒤 버리면 재가 날리지 않고 좋겠지?

🙂 그럼 재가 완전히 식을 때까지 기다렸다가 버리는 게 좋겠네요?

🙂 그렇지. 화장실 변기에 넣고 물을 내리는 것도 방법이란다.

🙂 예. 그럼 소금도 버리고 다음에 뜸을 뜰 때는 새로운 소금으로 하나요?

🙂 아니, 굳이 그럴 필요는 없어. 소금은 쓸 수 있는 한 계속 써도 된단다. 하지만 시커멓게 변한 소금이 보기 흉하다거나, 쑥봉 재가 부서져 소금과 섞여 지저분해진 것 같으면 그때 바꾸어도 돼.

🙂 하긴 뜸을 뜰 때마다 볶은 천일염을 2.5cm씩 깔아야 한다면 소금이 굉장히 많이 필요할 것 같은데요?

🙂 그렇지? 그런데 아빠 아는 분 가운데는, 소쿠리 뜸으로 원기가 회복된다면이야 소금값이 문제겠느냐며 소금을 가마니째 사다 놓고 뜸을 뜰 때마다 바꾸어주는 분이 있기는 하다, 하하.

🙂 정성이 대단하신데요? 우리는 그럼 쑥봉 재는 버리고 소금은 그냥 담은 채로 두면 된다, 그거죠?

🙂 그래, 그런데 뜸을 뜨고 나서 소쿠리 뜸기를 둘 때도 조심해야 하는 게 있어.

🙂 뭔데요?

🙂 소쿠리 뜸기는 종이 박스나 아이스박스 같은 곳에 넣어두는 것이 좋아.

🙂 그건 왜죠?

🙂 안 그러면 며칠 동안 온 집안에서 쑥뜸 냄새가 진동을 해. 베란다에 내다둔다고 해도 냄새가 계속 난단다. 그러니까 뜸기는 꼭, 박스에

넣도록!

아, 알겠어요. 소쿠리 뜸을 하고 나면 재는 버리고 소금은 뜸기 안에 둔 채로 박스에 잘 넣어두어야 한다! 그런 거죠?

그렇지. 그리고 또 한 가지가 있지.

네? 뜸을 하고 나서도 할 일이 이렇게 많아요?

하하, 처음에 설명을 들을 때는 복잡하게 느껴져도 딱 한 번만 해보면 자연스럽게 되는 거야. 아빠가 오랫동안 해보면서 쌓은 노하우를 전수해주는데 너 너무 투덜거리는 거 아니냐?

하하, 그런가요? 알겠어요. 그럼 다음에 할 일은요?

특별한 건 아니고, 자, 재는 버렸고 뜸기는 잘 보관했다 치자. 이제 어떤 것들이 남았겠니?

아! 수건들이요? 배에 깔고 뜸기를 덮고 했었던?

그렇지. 얇은 수건, 뜸기에 덮었던 수건 세 장, 무릎담요, 이것들이 남았겠지?

그렇죠.

소쿠리 뜸기를 아이스박스에 담은 모습.

뜸에 썼던 수건들과 무릎담요는 반드시 다른 세탁물과 분리해서 빤다.

😊 이 수건들은 잘 빨아서 다음에 다시 사용하면 되는데, 주의할 점은 다른 옷이나 세탁물들과 함께 빨면 안 된다는 거야.

😀 왜요?

😊 그럼 다른 빨래에 쑥뜸 냄새가 배이거든. 이 냄새도 쉽게 빠지지를 않아서 곤혹을 치를 수 있단다. 그러니까 소쿠리 뜸에 썼던 수건들은 꼭 따로 세탁할 것!

😀 아, 알겠어요. 쑥봉 재, 소금, 소쿠리 뜸기 관리, 수건 빨기, 잘 기억해 두겠습니다.

😊 그래, 이제 소쿠리 뜸에 대해서 아빠가 해줄 수 있는 설명은 아주 세세한 것까지 다 했다. 혹시 더 궁금한 게 있니?

😀 아뇨. 이제 소쿠리 뜸에 대해서는 어느 정도 알게 된 것 같아요. 하지만 직접 해보지 않고는 알았다고 할 수 없겠죠?

😊 아이고, 아드님, 아주 신통한 소리를 하십니다!

😀 하하, 내일은 제가 소쿠리 뜸을 직접 해드리겠습니다.

😊 그래, 어디 효도 한번 받아보자! 그리고 방법을 익혔다면 가장 중요한 한 가지가 남는구나.

😀 네? 그게 뭔데요?

😊 꾸준히, 열심히 하는 것!

😀 아, 네. 그렇네요. 명심하겠습니다!

소쿠리 뜸 순서

1. 소쿠리 뜸기 위에 얇은
   수건을 깐다.

2. 볶은 소금을 2.5cm 정도
   넣는다.

3. 쑥봉을 준비한다.

4. 쑥봉에 불을 붙인다.

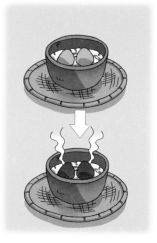

5. 수건을 접어 뜸기를 덮고
   틈새를 막는다.

렌지 후드

수건

소쿠리

비닐

통

6. 뜸기를 레인지 후드
   아래로 옮기고 레인지
   후드를 켠다.

7. 반으로 접은 수건
   두 장을 더 올리고
   10~15분간 둔다.

8. 배 위에 수건을 깔고
   쑥봉이 타고 있는 소쿠리
   뜸기를 올린다.

9. 수건 두 장을 더
   덮어준다.

10. 몸 전체를 무릎담요로
    덮는다.

3장

침, 무섭지 않아

우리 조상들이 늘
사용 하셨던 침

그러니까 아빠 말씀은 침은 아픈 게 아니고,
위험하지도 않으며, 누구나 쓸 수 있는 거라는 말씀이네요.

🙂 아빠, 동양학의 수의 논리가 사람의 몸이나 병과는 어떤 관련이 있나요?

🙂 좋은 질문이구나. '수 2의 관점'으로 사람의 몸에 적용시켜볼까? 사람은 태어나면 결국 어떻게 되지?

🙂 태어나면 언젠가는 죽겠죠.

🙂 그렇지. 태어나면, 즉 생生하면 언젠가는 사死하게 되어 있단다. 이 것을 음양론으로 볼 수 있지 않겠니? 단 다시 태어난다는 믿음이나 천상의 세계가 있다는 믿음은 종교적인 측면에서 다룰 이야기지만, 동양 철학의 관점에서 생과 사는 음양론이라고 얘기할 수 있겠지.

병도 음양이다

🙂 그럼 음양론이 침뜸과도 관련이 있나요?

🙂 물론 관련이 아주 많지. 사람이 태어나 살아가는 과정 속에서 누구나 아프지 않고 살기를 바라지만 현실은 그렇지 않지. 어떤 병이든 꼭 병에 걸릴 수밖에 없지 않니? 아직 어린 너희들은 실감하지 못할 수도 있지만, 40~50대의 중장년들은 아프지 않으며 사는 것이 최고의 관심사이자 희망이란다. 돈을 버는 것보다도 오히려 건강이 우선일 수 있지.

🙂 어린 아이도 크게 아플 수 있잖아요.

🙂 물론 그렇지. 세상일에는 늘 예외가 있으니까. 우리가 무슨 일을 할 때 '대강大綱 하자'라는 표현을 쓰는데, 요즘에는 그것이 '정확하게 하지 않고 설렁설렁 한다'라는 의미로 잘못 쓰이고 있단다. 한문으로 강綱은 '벼리 강'인데, '일이나 글의 뼈대가 되는 큰 틀'로서 '대강大綱'이라는 말은 일에 있어서 먼저 근본이 되는 큰 틀을 만든 후, 세밀한 부분들을 해나가자라는 의미가 있는 거란다.

🙂 그렇군요. 그러니까 건강과 병을 음양론으로 보았을 때, 대강 살펴보면 청소년과 청년층은 그래도 건강한 편이고 중장년층은 갈수록 병에 걸릴 확률이 높아진다는 말씀이군요. 그리고 건강한 사람도 병이 들 수 있고, 병에 걸린 사람도 다시 건강해질 수 있다는 것이 음양론이라는 말씀이고요.

🙂 그렇지. 누구나 건강하다고 해서 끝까지 건강할 수도 없고, 한번 병에 걸렸다고 끝까지 병에 걸린 상태로 살아가야 하는 것도 아니지. 어떻게 보면 건강과 병은 함께 가는 것이지.

🙂 아빠, 그럼 병도 음양론, 즉 '수 2의 관점'으로 구분할 수 있을까요?

🙂 그럼. 병은 갑자기 아픈 '급병急病'과 오래된 '구병久病'으로 나눌 수 있어. 예를 들자면 갑자기 먹은 것이 체했다든지, 등산 도중에 발이

뻔 경우는 급병으로 볼 수 있고 항상 아프다는 느낌이 있을 정도로 꾸준하게 아픈 것을 구병이라고 할 수 있단다. 구병은, 쉽게 말하자면 오래된 병이라고 말할 수 있지.

🙂 병이란 무엇인가요?

🙂 '음양陰陽의 부조화不調和'가 바로 병이란다. 음양이 조화롭게 흐르는 것이 건강한 것이고 그 조화로움이 깨지는 것이 병인 거야.

🙂 그럼 무엇이 음이고 무엇이 양인가요?

🙂 상식적으로 봤을 때 정상적인 삶에서 벗어났느냐 벗어나지 않았느냐가 기준이겠지. 예를 들어보자. 사람은 낮엔 활동하고 밤에는 잠을 자야 되는데 낮에는 자고 밤에는 일을 하는 사람들이 과연 오랫동안 건강할 수 있을까?

개개인은 자기만의 먹는 양이 정해져 있는데, 과식을 하다 보면 과연 건강을 지킬 수 있을까? 사람이 살다 보면 하고자 하는 마음인 '욕심'이 생기게 되는데, 모든 것을 다 갖고 싶은 생각에 많은 것을 다 취하려 한다면 그 사람은 정상적인 건강한 생활을 누릴 수 있을까? 아울러 그 욕심을 채워나가려고 과로를 한다면 몸에 무리가 가지 않을까?

참 좋은 말, 적당히

🙂 아빠 말씀은 중中을 취하라는 말씀인가요?

🙂 중을 취하라는 말도 맞겠지만, 아빠가 하고 싶은 말은 적당適當히 하라는 말이란다.

🙂 적당히라고요? 대충대충 하라는 말씀은 아니죠?

'적당'의 말뜻을 생각해볼 필요가 있어. '적당適當'은 '맞을 적'에 '마땅할 당'인데 뭐든 '마땅한 만큼만 맞게 하면 된다'는 얘기지. 네가 먹을 때는 네 몸에 마땅한 만큼만 먹으면 될 것이고, 일을 할 때는 무리하지 말고 몸에서 이상신호가 왔을 때는 적당히 쉴 줄도 알아야 하고, 무엇을 취할 때도 욕심껏 취하기보다는 양심껏 취함으로써 건강을 지켜나가야 된다는 말이지.

가령 이상적인 음양의 무게 배분을 5 : 5로 보았을 때, 현실적으로 6 : 4 혹은 4 : 6이 되었을 때 중中을 찾기가 쉽지. 음양의 무게 배분이 9 : 1 혹은 1 : 9가 되면 5 : 5로 되돌아오기가 힘들지 않겠니?

그럼 음양의 무게 배분이 10 : 0이나 0 : 10이 되는 건 무엇을 뜻할까요?

음을 잃어버리거나 양을 잃어버린 것인데 동양 의술에서는 그것을 죽음死이라고 보고 있지.

그러니까 치유할 때는 초기에 대응하는 것이 좋다는 말씀이지요?

그럼. 살다 보면 모든 것에는 다 때가 있다는 말을 하는데, 병을 치유하는 데도 마찬가지란다. '가래로 막을 것을 호미로 막는다'는 속담도 있는데 이 말은 병의 치유에서도 굉장히 중요하단다.

그럼 그런 때를 어떻게 알 수 있어요?

모든 병에는 조짐兆朕이 있단다. 본인만이 느끼는 몸의 부조화지.
예를 들면 갑작스러운 통증, 현기증, 기분 나쁜 느낌 등이 있는데, 이런 징조는 갑자기 나타났다가 한참 후에 다시 나타나기도 하고 그래.
그런데 병원에 가서 검사를 해보면 원인을 규명할 수 없는 경우도 많이 있지. 검사를 해보니 이상이 없다고 하는데 정작 본인은 많이 불편하고……
이런 경우를 초기 단계로 본다면 몇 번의 침뜸으로 몸의 균형 즉 몸의 음양 조화를 이룰 수 있다는 거지. 침과 뜸은 간편하니까 몸의 이상을 느낀 초기에 사용하면 좋다는 거야.

그런데 큰 병으로 발전되어서 모든 의사 선생님들이 치료를 포기한 후에야 동양 의술인 침뜸이 신비하고 불치병도 고칠 수 있다는 말을 듣고 침뜸에 의지한다면 그것은 아니라고 본다는 거지.

그래서 침뜸으로 모든 병을 다 고칠 수 있는 건 아니라고 하신 거군요?

그렇지. 사람은 신神이 아니란다. 완벽한 존재가 아니라는 뜻이지.

음양론으로 볼 때, 신을 무한無限한 완전한 존재로 본다면, 인간은 유한有限한 불완전한 존재이기에 태어나면 반드시 죽는다는 거야. 그래서 '병' 역시도 누구도 피해 갈 수 없는 것으로 바라보고 있지.

불교에서는 '생生, 노老, 병病, 사死'라고 하잖아. 태어남이 있으면 늙고 병들고 죽는다고……

우리는 모두 태어난 시점은 달라도 가는 곳은 일정한 방향으로 달려가고 있지. 그 과정에서 우리 생활방식의 변화나 환경의 변화에 의해서 병이 올 수도 있다는 것을 알고 가야 하지 않겠니?

경제적으로 여유가 있는 경우에는 병이 덜 오지 않을까요? 좋은 음식 먹고 좋은 병원 다니면서 좋은 약을 쓸 수 있으니까요?

글쎄, 선택의 폭이 조금 넓다고 할 수야 있을지 몰라도, 늙어가는 것과 병들어가는 것을 피해갈 수는 없겠지. 생, 노, 병, 사는 자연의 법칙이니까……

'자연自然'이란 말뜻도 '스스로 그러한 것'이란 뜻이지. 내 의지와는 상관없이 스스로 그러한 것들. 대표적인 것이 계절季節이란다. 춘하추동春夏秋冬, 이 사계절의 순환을 누가 막을 수 있겠니?

다만 경제적 여유가 있는 경우에는 일차적인 생계의 문제가 해결되다 보니 건강에 관심이 많고 그 건강을 지키기 위해서 여러 가지를 할 수 있을 것이고, 경제적으로 여유롭지 못한 경우에는 생계의 문제가 우선일 것이고, 건강 문제는 후순위로 밀려나겠지.

그럼 가난한 사람들이 침뜸을 배워서 그분들 스스로 몸이 아플 때 사용하면 좋지 않을까요?

물론 그렇지. 그런데 안타깝게도 현실은 그렇지 못 하단다. 배우려 하기보다는 침뜸을 놓아달라고 하지. 배운다는 것은 필요에 의해서 배우는 것이 가장 이상적인데, 침뜸이라고 하면 많은 사람들이 전문가만 할 수 있는 것이 아니냐는 생각을 하고 있단다. 꼭 그런 것만은 아닌데……

그럼 누구나 쉽게 침뜸을 배워서 병 초기에 사용하면 덜 아프면서 고통을 덜 겪으면서 생활할 수 있다는 말씀이신가요?

그렇지. 그래서 급병急病에는 침, 구병久病에는 뜸이라고 회자膾炙되고 있지.

일침이뜸삼약一鍼二灸三藥이라는 게 그럼 그런 말인가요?

맞아. 하지만 아빠는 약을 모른단다. 네게 가르치려는 것은 침과 뜸을 상식선에서 쓰는 방법이야. 다만

용어와 이치를 좀더 쉽고 단순하게 가르쳐서 네가 더 잘 쓸 수 있게
하려고 한단다.

경락 경혈, 기찻길과 기차역

🙂 아빠, 침을 놓을 때 경락 경혈이란 말을 쓰던데 그게 뭔가요?

😊 그래, 좋은 질문이구나. 자세한 설명은 뒤에 가서 하기로 하고, 여기
서는 간단하게 얘기하마. 침돌아! 조선시대 법전이 무엇인지 아느
냐?

🙂 『경국대전經國大典』 아닌가요?

😊 그렇지. 그리고 한문은 무슨 글자더냐?

🙂 뜻글자 아닌가요?

😊 그렇지. 뜻글자다. 경經이라는 것은 근본적인 것을 의미한단다. 또
옷을 짤 때 세로와 가로로 옷을 짜는데 세로줄을 '날줄'이라 하고, 가
로줄을 '씨줄'이라고 하지. 이때에도 세로로 내려가는 줄인 '날줄'이
큰 틀이 된다는구나. 그리고 지도에서는 경도와 위도를 표시하는데
'경도'는 세로 '위도'는 가로를 의미하지. 동양 철학에서는 항상 세로
를 '경'이라 해서 가장 중요시한단다.

🙂 그럼 몸에도 세로와 가로의 선이 있다는 말씀이신가요?

😊 그렇지. 침뜸 의술에서는 사람 몸의 세로로 흐르는 노선을 경經이라
하고, 그 경을 가로로 이은 선을 락絡이라 한단다. 그래서 경락이란
세로와 가로선인데 내 몸을 세로와 가로로 잇는 선이지.
그래서 경락을 손으로 두드리면 안마按摩가 되고, 경락을 손가락으
로 누르면 지압指壓이 되고, 경락을 가는 쇠로 찌르면 침술鍼術이 되

손으로
두드리면 안마,
손가락으로
누르면 지압,
쇠로 찌르면
침술

겠지.

😊 그럼 경혈은요?

😊 경혈經穴은 경락의 반응점이지. 경락은 기찻길로 생각하고 경혈은 기차역으로 이해하면 될 듯싶다. 자세한 설명은 뒤에 가서 하자.

😊 침과 관련해서 여쭤볼게요. 침은 위험하고 아프지 않나요?

😊 침에는 쓰임새에 따라 여러 종류가 있단다. 하지만 아빠는 너에게 가늘고 짧은 침에 대해서 말하려 해. 굵기면으로 본다면 굵은 침은 아플 것이고, 가는 침은 덜 아프지 않겠니?

옛날 침쟁이 할아버지들은 굵은 침을 쓰셨기 때문에 맞는 사람이 두렵고 아픈 경우가 있었을 거야. 하지만 침 무서운 것보다는 몸 아픈 게 먼저니까 아무 소리 못하고 침을 맞았겠지. 그러나 요즘에는 금속 가공 기술의 발전으로 스테인레스로 가늘게 만들어진 침들이 다양하게 나온단다. 그 중 0.2mm×40mm짜리 침을 사용하면 침으로 인한 통증은 거의 없기 때문에 많이 쓰이고 있어.

😊 위험할 수도 있지 않을까요?

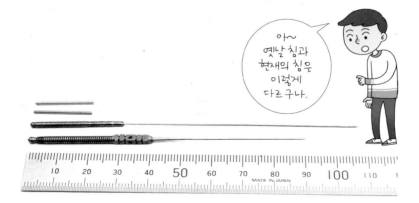

일식집에서 쓰는 회칼은 생선 회를 뜰 때만 써야 하는데 경우에 따라서 그것을 흉기로 쓰는 경우가 있겠지. 그렇다고 해서 회칼을 사용하지 못하게 할 수는 없지 않겠니?

침 역시 상식선에서 눈을 찌르면 안 될 것이고, 그럴 경우야 드물겠지만 폐 주위에 침을 놓을 때는 기울여서 놓아야만 위험하지 않단다. 그런 아주 예외적인 경우가 아니라면 우리가 쓸 0.2mm×40mm의 침은 그렇게 위험한 것이 아니란다.

그렇군요. 그럼 특정인만 침을 사용할 수 있다는 것은 무슨 말이죠?

침 놓는 걸 운전면허증에 많이 비유하던데, 자동차를 가지고 도로를 주행하려면 당연히 운전면허증이 있어야 되겠지. 하지만 내 집 앞마당에서 네 바퀴 달린 오토바이를 다리가 아프신 노인들이 운전하는데 운전면허증이 꼭 필요한 것인지 묻고 싶구나. 침의 사용도 마찬가지 아닐까?

타인에게 의료행위를 할 때는 의료사업자만 침을 사용하는 것이 맞겠지만, 내 몸이 체했다든지 내 발목이 삐었다든지 해서 내 몸이 아푼 경우에는 스스로 치유할 수 있지 않을까 싶구나.

자가침술自家鍼術, 즉 셀프로 생각해본다면 꼭 특정인만 침뜸을 쓸 수 있다고 하는 것은 이치에서 벗어난 것이 아닐까 생각한다.

그래서 아빠가 침뜸은 누구나 배워서 할 수 있는 전통문화의 한 축으로 보아서 자가침술법을 알리려 하시는 거군요

그렇지. 만약 본인이 아프면 병원에 가서 양방 치료를 받을 수도 있고, 한의원에 가서 침이나 뜸, 탕약을 처방 받을 수도 있고, 스스로 자가치유의 방법도 있지 않겠느냐고 말하고 있는 거지. 아빠가 병원에 자주 가는 것 같니?

자주 가시지는 않지만 그래도 가실 때가 있잖아요.

그렇지. 필요하다 싶으면 병원에 가서 진료를 받지만 더불어 아빠가 할 수 있는 침과 뜸을 이용한 치유도 병행할 수 있는 거지. 어느 의사 선생님이 하신 말씀이 생각나는구나. '세상에는 원인 모를 병들이 많은데, 의사가 모든 것을 다 고칠 수 있는 것은 아니라고.' 결국은 병이 생겼을 때 병원을 가든 한의원을 가든 자가치유를 하든 그것은 선택의 문제가 아닌가 싶구나…….

그렇군요.

너 혹시 미병치병 未病治病이라는 말 들어봤니?

미병치병이요? 아니요, 처음 들어요.

그래, 아까도 말한 것처럼 병에는 조짐이 있단다. 동양 의술에서는 큰 병을 고치는 것도 중요하게 생각하지만, 작은 병이 큰 병으로 가는 것을 막는 것이 더 중요하다고 여기고 있지. 해서 조짐이 있을 때 미리 치료하는 예방의술이 동양 의술이 추구하는 바란다.

미병치병이란 그런 거야. 동양 의학에서는 큰 병을 잘 고치는 의자

醫者보다 작은 병을 잘 다루어서 큰 병으로 나아가지 않게 하는 의자를 최고의 의자로 여겼고, 상공上工이라 부르기도 했단다.

🙂 그러니까 아빠 말씀은 침은 아픈 게 아니고, 위험하지도 않으며, 누구나 쓸 수 있는 거라는 말씀이네요.

😊 그렇지.

에고에고~ 침술

🙂 아빠! 지금부터는 침 사용 방법에 대해서 말씀해주세요.

😊 앞서서 얘기했던 것처럼 침에 대해서는 '생각의 전환'이 필요한 부분이 있지.

우선은 타인만 내 몸에 침을 놓을 수 있다는 생각을 버려야 한다. 내 스스로 손이 닿는 곳에는 침을 놓을 수 있다는 생각, 즉 자가 침술 Self-Acupunture이 가능하다는 것에서부터 시작되어야 한다. 그 후에는 침이 무섭고 아프다는 생각을 바꾸어야 되지 않겠나 싶구나.

🙂 대다수의 사람들은 침 하면 '무섭다', '아프다'라는 생각에 침을 싫어하는데 자기가 스스로 침을 놓는다니 그게 과연 가능할까요?

🙂 가능하지. 왜냐하면 굵은 침을 사용하지 않고 가는 침을 사용하면 통증에 대한 두려움은 없어지지. 즉 가늘고 얇은 침을 접할 수 있는 상황이 많지 않아서 침에 대한 두려움이 있는 거지, 얇은 침을 한번 써보면 침이 생각처럼 그렇게 무서운 게 아니라는 걸 알 수 있단다.

🙂 그럼 굵은 침에 비해서 가는 침은 효과가 떨어지지 않나요?

🙂 그렇지 않단다. 과학적인 검증이야 과학자 분들이 할 테지만, 경험적인 측면을 강조하는 침뜸 의술에서 보자면 효과가 거의 같은 것 같다. 침은 경락에 자극을 주는 도구일 뿐이야. 문제는 위험하지 않다는 공감이 이루어진 후에 침을 사용하는 것이 우선이겠지.

🙂 예를 들어 설명해주신다면요?

🙂 거듭 이야기하지만 눈 빼놓고, 폐 장기가 있는 앞뒤 가슴을 제외하고는 0.2mm×40mm의 침은 위험성이 거의 없단다.
예를 들어 체했을 때에는 다리에 있는 '족삼리'라는 혈을 쓰면 되는데, 내 다리에다 스스로 침을 놓아보면 위험한지 아닌지를 바로 알 수 있지 않을까?

🙂 무조건 찌르기만 하면 되는 건가요? 얼마나 깊이 찔러야 하나요?

🙂 좋은 질문이구나. 침을 찌를 때에는 몸에 힘을 빼야 하는데, 아빠는 쉽게 이렇게 말하지. '에고에고~~' 하라고…….

이 말은 침을 찌를 때 긴장하지 말고 숨을 밖으로 내쉬면서 찌르면 통증도 없고 아프지 않게 된다는 말이란다. 다시 말하면 '호흡呼吸'도 음양관으로 바라볼 수 있는데, 우리 몸은 숨을 마실 때는 긴장이 되지만 내쉴 때는 이완이 된단다. 이것을 이용하면 침에 대한 두려움과 아픔에 대한 염려는 하지 않아도 될 듯싶다. 이런 것이 바로 요령이고 경험이지.

깊이는 적당히 놓으라고 하는데 살이 있는 곳에는 조금 깊이 들어갈 것이고, 살이 없는 손끝 발끝에는 살짝 꽂히기만 하겠지?

그 말씀은 깊이는 중요하지 않다는 말씀인가요?

아니야. 꼭 어떻다고 단정지을 수 없다는 말이다. '적당하다'라는 말 뜻을 잘 생각해봐라. '마땅함을 맞이한다'라고 그랬지? 살이 많은 곳에서는 깊이 들어가도 되겠지만 살이 없는 곳에서는 거기에 맞게 찌르면 된다는 말이다. 또한 침술은 깊이도 중요하지만 침을 통한 자극만으로도 효과를 볼 수 있기 때문에, 우선은 침을 찌르는 연습이 먼저라고 생각한다.

침을 찌르는 연습이요? 그걸 연습할 수 있다는 말씀이세요?

앞서 얘기했다시피 침뜸에 대한 '사고의 전환'이 필요하단다. 우선 침뜸으로 모든 병을 낫게 할 수 있다는 생각을 버려야 한다. '조짐'과 '징후徵候'를 통해서 내 몸의 부조화를 바로 알아차린 후, 침뜸을 쓰면 치유할 수 있는 확률은 커지겠지만, '조짐'과 '징후'를 바쁘다는 핑계로 무시했다면 치유하기는 어렵다는 것을 알아야 된다. 하지만 오래된 병도 지속적으로 침뜸을 쓰면 변화가 일어날 수도 있겠지. 모든 것을 급히 보려 하지 말고 일면一面만을 보고 판단하지 말아야 한다.

침 연습에 대해서 가르쳐주지. 먼저 수건을 하나 꺼내서 롤케이크처럼 둥글게 말아서 테이블 위에 올려놓아라.

🧒 수건을요? 왜죠?

🧑 그럼 처음 배우는 사람이 무슨 용기로 자기 다리나 몸에다 침을 찌를 수 있겠니?

대신 가는 침을 가지고 몸 대신 수건과 같은 대체용품에 찌르게 하면 수기手技 즉 손기술은 금방 늘 수가 있단다. 아울러 침에 대한 생각이 바뀌게 되지. 무서운 놈이 아니라고⋯⋯.

🧒 조금 더 자세히 설명해주세요.

🧑 침을 보면 플라스틱 관과 침이 함께 들어 있지. 플라스틱 관은 침 놓을 때 쓰는 것인데 침관이라고 한단다. 이렇게 침관 하나와 침 10개가 들어 있는 한 봉지를 침 '한 쌈'이라고 해.

이건 일회용 침으로, 한 번 사용할 수 있는 멸균 침이지. 먼저 봉지를 연 다음, 침관과 침을 하나 꺼내는 거야. 그리고 왼손에는 침관을 들고 오른손으로 침을 하나 잡는단다. 장수가 왼손에는 칼집을 쥐고

1. 수건을 둥글게 만다.

2. 침 손잡이를 침관에 넣는다.

오른손으로 칼을 빼내는 걸 생각하면 되겠지?

😮 그 다음은요?

😊 칼집에 칼을 다시 꽂을 때는 칼끝부터 꽂지만 침은 그와 반대로 꽂는 다는 것이 중요하다. 침 손잡이를 침관에다 먼저 집어넣는다는 거지.

😮 왜요?

😊 침 끝을 침관에다 넣기보다는 두꺼운 침 손잡이 쪽을 침관에 넣는 것이 더 쉽기 때문이지. 그리고 침관을 왼손 바닥에다 세우면 침은 침관보다 0.5mm 올라오게 되어 있단다.

😮 침관이 침보다 더 짧다는 말씀이신가요?

😊 그렇지. 침관을 오른손으로 살짝 들게 되면, 침은 밑으로 빠지게 되 는데 이때 오른손 엄지와 검지로 침관을 잡고 살짝 들어주면 뾰족한 침 끝은 침관 속으로 쏙 들어가게 된단다. 그리고 오른손 중지로, 나 온 침 손잡이를 약한 힘으로 밀면서 침관의 방향을 180도 뒤집어주 면 침놓을 준비는 끝난단다.

😮 그리고 나서 수건 위에다 침을 올려놓게 되면 침관 위로 침 손잡이

3. 침관을 왼손 바닥에 세운다. 이때 침 끝이 살짝 나온다.

4. 오른손 중지로 침 머리를 밀면서 침관을 뒤집는다.

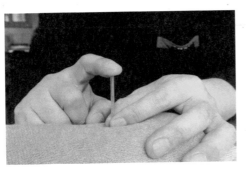
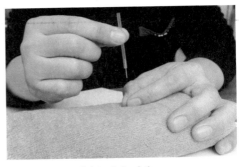

5. 왼손으로 침관을 잡고 오른손으로 침 끝을 톡 때린다.

6. 오른손으로 침관을 뺀다. 이때 왼손으로는 침 끝을 잡는다.

가 0.5mm 정도 나와 있게 되겠군요.

😊 그렇지. 그 다음이 중요하단다.

😮 왜요?

😊 앞서도 얘기했다만, 사람은 자기 몸에 스스로 침을 놓겠다고 생각하면 우선은 두려움을 갖게 되어 있지. 그것을 없애는 가장 효과적인 방법이 호흡이란다. 즉 몸을 긴장시키지 말고 이완시키는 거지. 그래서 '에고에고~'라고 말하면서 찌르라고 하는 거야.

그리고 수건 위에 놓인 침관 하단을 왼손으로 잡고 오른손으로 침 끝을 톡 때리면 된단다.

절대 누르는 것이 아니라 때리는 거야. 침을 때린 후 오른손으로 침관을 빼면 왼손으로 침 끝을 잡고 있게 되지.

😮 그 후에 오른손으로 침 머리를 잡고 아빠가 말씀하신 대로 침을 적당히 찌르면 되는 거군요.

😊 그렇지. 이때도 잊지 말아야 할 것이 호흡이란다. 비록 수건이지만 숨을 내쉬면서 손목 스냅을 이용해서 두 번에 걸쳐 1~2cm 정도 밀어넣으면 된단다.

7. 오른손으로 침 머리를 잡고 적당히
찌른다.

8. 침 놓는 연습 후.

😮 그럼 한 쌈에 열 개의 침이 들어 있으니까 나머지 아홉 개의 침도 그
와 같은 방식으로 침 찌르는 연습을 하면 되는 거군요.

😊 물론이지. 열 개를 가지고 수건에다 침 찌르기를 계속 하다 보면, 침
에 대한 무서움을 떨쳐버리는 동시에, '가는 침은 별개 아니구나'라
는 자신감이 생기게 된단다. 침술은 '수기手技, 즉 손으로 하는 기술'
이니까.

침 놓는 순서

1. 침과 침관을 준비한다.

2. 수건을 둥글게 만다.

3. 침관을 왼손에 잡고 침 머리를
   오른손에 잡은후 침관에 넣는다.

4. 침관을 왼손 바닥에 세운다.
   이때 침 끝이 살짝 나온다.

5. 오른손 중지로 침 머리를
   살짝 고정시킨다.

6. 왼손으로 침관 끝을 잡고
   180도 돌린다.

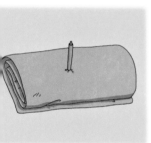

7. 왼손으로 침관을 잡고
   오른손으로 침 끝을 톡
   때린다.

8. 오른손으로 침관을
   뺀다. 이때 왼손으로
   침 끝을 잡는다.

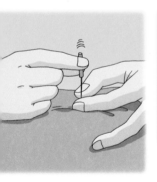

9. 오른손으로 침 머리를
   잡고 적당히 찌른다.

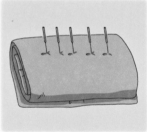

10. 침 놓는 연습 후.

아, 그렇군요. 아빠! '전통 의학傳統醫學'과 '전통 의술傳統醫術'에 대해서 설명 좀 해주세요.

그래. 그런데 그전에 세상 이치에 대해서 먼저 말해야 될 것 같구나. 사람이 살다 보면 여러 가지 문제에 직면하게 되지. 좋은 일만 항상 있다면 얼마나 좋겠냐만은 현실은 행, 불행이 함께 한다는구나. 그중 너도 병으로 경험하지 않아야 될 일을 어린 나이에 겪게 되었지. 아빠는 지금도 그때를 생각하면 가슴이 아프단다.

하지만 세상에는 많은 해결책이 있더구나. 나와 다른 답이 있고, 서로 다르다는 것을 이해하고 인정해주는 과정에서 새로운 해결 방법이 생기는데 현실은 '이권利權'이 있다 보니 자기 목소리만을 내세우고 이치를 따르지 않게 되지.

'전통 의학'과 '전통 의술'도 이런 측면으로 바라보아야 하지 않을까 싶다.

'의학'은 학문을 하시는 분들이 하는 것이고 '의술'즉 침과 뜸을 사용하는 기술은 누구나 배워서 스스로 아플 때 사용할 수 있다는 말씀인 거죠?

그렇지. 침과 뜸에 대해서는 무조건적으로 '위험하다' '전문가만이 해야 한다'라는 논리보다는 우리 조상들이 늘 사용하셨고, 그러다 보니 전통적으로 내려왔다라는 것을 인정해주는 분위기였으면 하는 바람이지.

그럼 아빠는 '의학'을 가르치려는 게 아니라 '스스로 하는 침뜸 기술'을 가르쳐준다고 보면 되겠네요.

전통 의학과 전통 의술

아빠, 전통 의학과 전통 의술은 다른건가요?

전통 의학은 의술을 학문적으로 접근 하는 것이고

전통 의술은 누구나 쉽게 접근하고 사용할 수도 있는 것이지.

침이나 뜸처럼 말이죠?

침과 뜸에 대해서도 무조건 '위험하다, 전문가가 해야한다.'라고만 생각 하지 말고

위험

자격증

학위

누구나 쉽게 배워서 사용할 수 있다고 생각을 바꾸면 좋겠어.

예로부터 조상들이 경험으로 쌓아온 생활의 지혜랄까?

체했을 때 손가락을 바늘로 찌르는 것도 침의 일종이잖아.

아하! 그렇군요!

🙂 그렇지. 아빠는 '침뜸의 대중화'에 관심이 많단다. 누구나 쉽게 배울 수 있고, 쓸 수 있는 침뜸을 보급시키는 것이 아빠의 일이 되겠지. 단, 배우고 싶은 사람에 한해서……. 병을 치유하는 여러 방법 중에서 침뜸도 하나의 대안代案이 될 수 있다고 생각하기 때문이지.

😮 어렵지 않을까요?

🙂 아니지. 그것을 공부 쪽으로 즉 '학문' 쪽으로 생각하면 어렵겠지만, '기술' 쪽으로 접근해간다면 그리 어렵지도 않단다. 또한 전통 문화인 침뜸을 우리가 늘상 하는 일상생활과도 연관시켜 생각해볼 수 있겠지.

침돌아! 너 '속편하십니까?'가 무슨 뜻일까 생각해본 적 있니?

😮 음……. '먹은 음식이 소화 잘 되셨는지요' 이런 뜻 아닐까요?

🙂 한편으로는 맞는 대답일 수도 있겠지만, 전통 의술에서는 또 다른 뜻을 내포하고 있지.

😮 또 다른 뜻요? 그게 뭔데요?

🙂 지금 하고 있는 일이 '만사형통萬事亨通으로 잘 풀리십니까?'라는 뜻이지.

병이라는 것은 앞서 이야기한 것처럼 음양의 부조화를 말하는 것이란다. 즉 내 일이 제대로 풀리지 않는다면 몸에 이상이 생겨서 몸이 아프다는 동양 철학적인 말뜻이 포함되어 있단다. 동양 의학에서는 병의 원인을 크게 두 가지로 보고 있는데, 하나는 외인外因으로서 풍風, 한寒, 서暑, 습濕, 조燥, 열熱이라는 기후적인 요소를 다루지만, 또 다른 하나는 내인內因으로서 감정의 문제를 다루고 있단다. 즉 분노怒, 웃음笑, 생각思, 우울憂, 공포심恐을 말하는데, 그중 병의 주된 요인을 분노怒로 보고 있지.

속 편하십니까?

으... 으...

침돌이가 많이 아프구나.

병은 크게 바깥에서 오는 '외적인 원인'과 안에서부터 생기는 '내적인 원인'이 있단다.

춥고 덥고, 건조하거나 습하거나, 바람이 있거나 등등이 외적인 요인이고

울고 웃고, 화나거나 슬프거나 하는 감정적 원인 중에 특히 화나는게 중요한 내적 원인이지.

저는 지금 어떤 상태인가요, 아빠?

게임을 일주일간 못하게 해서 내적으로 분노의 감정이 쌓인 게 원인인것 같은데?

아빠~ 족집게네요.

그럼 외인과 내인 중에서 어떤 것이 병의 주된 원인이 될까요?

외인을 20~30% 정도로 보고 내인을 70~80% 정도로 볼 수 있지 않을까 싶다.

그만큼 감정의 문제를 중시하는 게 동양 의학의 특징이지. 네가 좋아하는 것 중 하나가 게임이지? 만약 아빠가 너한테 게임을 일주일 정도 못하게 하고 밖으로 나갈 수 없게 한다면 네 기분이 어떻게 될까?

짜증을 내면서 징징거릴 것 같은데요?

내가 볼 때는 아양을 좀 떨다가 이게 진짜인 것 같으면 말도 안 하고 아빠 말도 안 듣고 씩씩대면서 밥도 안 먹고 뭐 그럴 것 같은데?

병이라는 것은 이처럼 자기가 하고 싶은 일을 하지 못 했을 때, 원하는 대로 되지 못 했을 때 감정적으로 폭발하면서 생겨난다는 것을 잊지 말아라.

어르신들이 말씀하시는 화병火病이 바로 그런 건가요?

그렇지. 몸이 아픈 것은 마음에서 온다고 보면 음양론의 관점으로 신身이 아픈것은 심心 때문으로 볼 수 있지. 결국 심心과 신身은 떼려야 뗄 수 없는 관계지.

화병火病도 화火가 치솟으면 가슴이 답답하다고 하는 것인데, 어르신들 중에 자식이 속을 썩여서 병이 생기거나 갑자기 큰일을 겪게 되면 시름시름 앓게 되는 경우가 화병火病 혹은 울화병鬱火病에 속한단다.

그런데 화를 잘 내시던 분이 어느 순간에 말씀을 안 하시고 항상 슬퍼하시는 것은 왜일까요? 우울증憂鬱症인가요?

동양 의학은 동양 철학의 개념으로 설명된다는 것을 잊지 말아라.

울화병

으~ 열 받아!

침돌아
왜 그러니?

구순이가 우울증이 있나 봐요.
화가나서 혼자 두고 와버렸어요.

저런

빨리 구순이한테
가보자!

네?

울화병이나 우울증이 있는 환자는
혼자 있게 하지 말고 타인과 함께
할수있는 곳에 보내는 것이 좋아.

구순아!

봉사활동을 하거나 그 사람의 이야기를
들어주는 것이 도움이 되겠죠.

아깐 미안했어.
이거 마셔.

아니야, 이제
괜찮아 졌어.

극즉반極則反으로 설명할 수가 있겠지. 울화병鬱火病은 양병이고 우울증憂鬱症은 음병이란다. 양병인 화병이 극에 다다르면 어느 순간에 음병인 우울증으로 바뀔 수 있다는 거지. 결국 화병 즉 울화병이나 우울증은 자기 일이 제대로 풀리지 않는다고 생각할 때 오는 병이라고 볼 수 있단다.

🙂 그럴 때는 어떻게 해야 될까요?

🙂 먼저 그런 환자들은 밖으로 내보내야 한단다. 즉 혼자 있게 하지 말고 타인과 함께 할 수 있는 곳으로 내보내야지. 대표적인 것이 봉사활동이겠지. 그리고 나서 그 사람들의 이야기를 들어줌으로써 마음의 앙금을 덜어내 주어야 하겠지.

🙂 그럼 침뜸으로는 못 고치나요?

🙂 먼저 속에 담아놨던 분노를 덜어낸 후에 침뜸이 도움이 되는 것이지 침뜸만으로는 아닌 것 같구나.

🙂 아빠 말씀은 급병急病은 침뜸으로 다스릴 수 있지만, 오래된 구병久病은 감정의 문제이기에 그 문제를 풀기 전에는 어떤 치유도 어렵다는 말씀이신가요?

🙂 꼭 그렇다기보다는 그런 가능성을 짚어볼 필요가 있다는 거지.

4장

손과 발로 흐르는
열두 개의 지하철

오늘은
서울역 부근이
아프군.

1호선부터 12호선까지의 경락이 공간적으로
사람 몸에 세로와 가로로 물 흘러가듯이 간다는 말이란다.
즉 경락이 1호선부터 12호선까지
일정한 패턴으로 흘러가는 것을 경락 유주라고 해.

😊 아빠, 이제 경락에 대해서 말씀해주세요.

😄 경락에 대해서는 앞서 조금 이야기했었지? 동양 철학에서 경經은 근본적인 것으로 세로를 나타낸다고 했다. 만세를 부르는 모습으로 두 손과 발을 펼쳤다고 생각해보렴. 그러면 손과 발로 흐르는 선이 열두 개 있다는 거지. 락絡은 이어질 락자인데 경經을 서로 이어준다는 뜻이고.

😊 집을 지을 때 세로인 기둥을 경經으로 보고, 기둥끼리 연결하는 보를 락絡으로 보듯이, 열두 개의 세로로 흐르는 선들이 가로로 서로 서로 이어져 있다는 말씀이신가요?

😄 그래. 그렇게 이해해도 될 듯싶구나.

😊 그것을 과학적으로 볼 수 있을까요? 혹은 서양 의학적으로 '신경'이라고 이야기해도 될까요?

😄 그것은 잘 모르겠구나. 아빠는 과학자도 아니고 의학자도 아니니

까……. 하지만 동양 의학은 철학을 근간으로 이루어진 경험 의학이고, 서양 의학은 과학을 근간으로 해서 모든 것을 증명하는 의학이기 때문에 증명되지 않은 경락학을 서양 의학은 다른 시각으로 바라보고 있지. 대체 의학代替醫學으로…….

🧑 그러면 침뜸 의술에서 경락을 규명하면 되지 않을까요?

🧓 그건 아빠 몫이 아닌 것 같구나. 다만 아빠의 역할은 그 경락을 어떻게 잘 사용하느냐 하는 것을 되도록이면 쉽게 설명해주는 것이라고 생각한다. 철학적인 '수의 논리'를 통해서…….
그리고 경락의 존재 유무를 떠나서 침뜸에서는 경락을 빼놓고는 그 어떤 것도 이야기할 수가 없단다.

기가 막히거나 기통차거나

🧑 경락은 어떻게 구성되어 있나요?

🧓 우리 몸의 세로와 가로로 연결된 경락을 아빠는 지하철 노선에 비유해서 설명한단다. 지하철 노선을 보면 각 노선이 서로 만나는 곳이 있어서 갈아타기도 하는 것처럼 경락도 그렇게 이루어져 있다고 생각하면 이해하기 쉬울 거야.

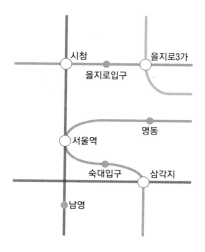

🧑 좀 더 자세히 말씀해주세요.

🧓 그래. 각 지하철 노선은 최종

목적지가 있지. 그리고 사람들이 승하차하는 곳을 역驛이라고 하지. 경락을 지하철 노선에 비유하고, 침 놓는 곳인 경혈經穴을 지하철 역으로 생각하면 이해하기 쉬울 거야.

그럼 경락은 몇 개가 있고 경혈은 몇 개가 있을까요?

인간의 몸을 소우주小宇宙라고 말하기도 하는데, 1년은 12개월이고 경락은 12경락이 있구나. 1년은 365일이 있고 경혈은 360개가 있지. 물론 12개의 올바른 경락이라고 해서 12정경正經이 있고, 8개의 이상한 경락이라고 해서 8기경奇經이 있지만, 여기서는 12정경을 논하기로 하자. 경혈도 이상한 혈이라고 해서 기혈奇穴도 있다만은 360개의 정혈正穴만 논하기로 하자.

왜요? 너무 많은 이야기를 다루면 제가 이해하지 못할까봐요?

아니야. 그렇게 되면 아빠가 추구하는 침뜸의 대중화를 위한 설명이 되지 못하고 지나치게 전문화될까봐 그런단다. 아빠는 쉽고 간단하게 이해할 수 있고 활용할 수 있는 침뜸을 원하거든.

알겠습니다. 경락은 열두 개로 구성되어 있고 360개의 혈로 이루어져 있다. 그런데 지하철은 사람을 태우고 다니는데 경락도 무언가를 태우고 다니나요?

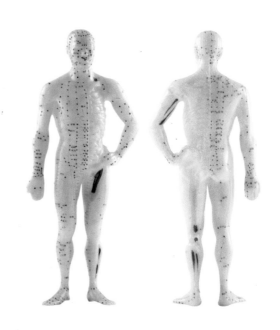

태우고 다니지. 조금 형이

상학적인 말인데, '수 2의 관점'으로 '기氣'는 양陽이고 '혈血'은 음陰이라고 한단다. 눈에 보이지는 않지만 경락은 기혈이 다니는 통로로 볼 수 있단다. 그래서 '기'를 운전자로 보고 '혈'을 자동차로 보기도 하지.

예, 역시 어려운 말이네요.

아니란다. 사실은 우리 생활에서 많이 쓰고 있는 말이야. '기'와 '혈'을 '수 1의 관점'으로 묶어서 생각한다면 '기氣'로 표현할 수 있단다. 해서 '기'가 끊기는 것을 기절氣絶이라고 하고 '기'가 막히면 죽는다고도 하지. 반면 기가 잘 소통되면 기통氣通차다고 하고 기가 골고루 잘 분산이 되면 기분氣分이 좋다고 하지. 그래서 기만 잘 소통된다면 병은 오지 않는다고 한단다.

아, 그렇구나. 기절, 기가 막히다, 기통차다, 기분 좋다, 이런 말들이 알고 보면 모두 경락, 경혈과 관련된 말이었던 거네요. 그럼 역시 일상생활에서 기를 잘 소통시킬 수 있다는 얘기죠?

물론이지.

셀프 침뜸!

👦 어떻게요?

👴 그게 바로 침뜸이란다. 그것도 셀프self, 즉 자기 스스로!

경락에도 이름이

👦 아빠. 그럼 경락에도 각각 이름이 있나요?

👴 있다마다. 여기서부터가 침뜸을 배우려는 사람들이 힘들어하는 부분이지. 그 이름이 너무 철학적이고 어렵다 보니 무조건 외우려 하지. 그리고 경락 이름이 한문으로 되어 있다 보니 포기하기도 하지. 아빠는 그것이 안타까워 '수의 관점'으로 경락의 이름을 설명하려 한단다. 한번 시작해볼까?

👦 네, 그럼 저는 쉽게 좀 가르쳐주세요.

👴 알겠다. 우선 경락을 지하철 노선으로 바꾸어보자. 먼저 '수 태음 폐 경락手太陰肺經絡'이 경락의 본 이름이지만 이것을 1호선이라고 하고, '수 양명 대장 경락手陽明大腸經絡'을 2호선, '족 양명 위장 경락足陽明胃腸經絡'을 3호선, '족 태음 비장 경락足太陰脾臟經絡'을 4호선이라고 생각해야 한다.

왜냐하면 1호선과 4호선의 경락 명칭 속에는 철학적인 '태음太陰'이라는 용어가 들어 있고, 2호선과 3호선에는 '양명陽明'이라는 철학적 개념이 들어 있는데, 침뜸을 배우는 사람의 입장에서는 너무나 어려운 개념이거든. 그렇지 않니?

👦 그렇네요. 벌써부터 혼란스러워지려고 하는데요?

혼란스러울 것까지야 없지. 그냥 지하철 노선으로 외우면서 장부臟
腑의 명칭만 외워두면 되는 거야. 아빠를 믿고 따라오렴.

알겠습니다. 경락은 1호선부터 12호선까지 있고, 거기에 장부의 명
칭만 붙이면 된다 이거죠?

그래, 그거야. 그렇게 하면 어렵다고 느껴지는 철학적 개념을 피해갈
수 있지 않을까? 다만 경락이 공간적으로 우리 몸을 어떻게 지나가
는지에 관심을 두자고 말하고 싶구나.

그건 또 무슨 말씀이신지요?

1호선을 보자. 1호선의 원래의 명칭은 '수 태음 폐 경락手太陰肺經絡'
이지만 이것을 손으로 가는 경락이 내 몸 속의 '폐'라는 장기臟器와
연결된 지하철 노선이라고 생각하면 쉽지 않을까 싶구나.

그럼 1호선의 지하철 노선이 막히면 어떻게 하죠?

각 경락에는 대표혈이 있단다. 지하철 1호선으로 본다면 '서울역'이
라고 가정해볼 수도 있겠지. 그래서 1호선이 막히면 1호선의 대표역
인 서울역을 찾아서 그곳에다 침이나 뜸으로 자극을 주면 1호선의

문제는 풀린다는 논리지.

예를 들면 1호선의 경락인 '수
태음 폐 경락'의 대표혈은 '척
택尺澤'이거든. 1호선이 지나
가는 내 몸의 부위에 문제가
발생됐다는 이상 조짐을 본인
이 느꼈다면, '척택'에 침을 놓
으면 폐 경락의 문제는 해결될
수 있다는 관점이 경락학의 핵
심이란다.

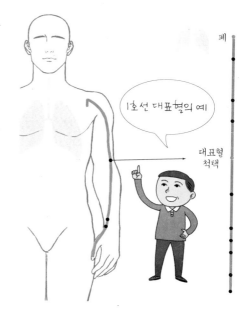

폐

1호선 대표혈의 예

대표혈
척택

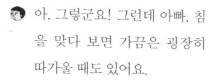 아, 그렇군요! 그런데 아빠, 침
을 맞다 보면 가끔은 굉장히
따가울 때도 있어요.

그래. 그럴 경우가 있지. 아빠도 가끔 경험하는 건데, 그럴 때는 먼저
침을 바로 뽑은 후 침 놓은 곳을 살살 문질러주고 나서 0.1mm 옆에
다 침을 다시 놓으면 언제 그랬냐는 듯이 따가운 느낌이 사라지더구
나.

왜 꼭 0.1mm 옆으로 이동하는 거죠?

0.1mm는 상징적인 표현이고, 따갑다고 느낀 혈자리 바로 옆에다 침
을 놓아도 된다는 뜻이란다. 무슨 이유로 따가운지는 모르겠으나,
침을 뽑은 후 바로 옆에다 침을 놓아도 된다는 것은 경험적으로 알
수 있다는 이야기란다. 그러나 득기得氣와는 구별할 줄 알아야 하지.

득기요?

그래. 득기란 '기를 얻는다'는 뜻인데 '침을 맞았을 때의 느낌'이라고

해야 될까? 침에 대한 두려움 때문에 사람들은 긴장을 하게 되지. 그 상태에서 침을 맞게 되면 아무래도 많이 예민하게 되겠지.

그래서 아주 작은 이상한 느낌만 와도 큰일 나는 줄 알고 많이 물어보는데, 그 아주 작은 이상한 느낌을 '득기'라고 말할 수 있단다.

🙂 뻐근한 느낌을 말씀하시는 건가요?

🙂 그래, 그 느낌. 스스로 경험해보아야만 알 수 있는 그 느낌을 말하는 거지.

일반적으로 침을 맞았을 때는 산酸-시큰거리는 느낌, 마痲-마비되는 느낌, 창脹-붓는 느낌, 통痛-아픈 느낌이 일어날 수 있는데 이것을 득기라고 한단다.

🙂 침을 맞을 때마다 일어나는 건가요?

🙂 아니야. 일어날 수도 있고 안 일어날 수도 있는데, 침을 배우는 사람의 입장에서는 득기라는 것을 꼭 알아야 하니까 말해주는 것이란다. 놀라지 말아야 될 것 아니겠니? 그러나 경우에 따라서는 인위적으로 득기를 일으키기도 한단다.

아, 그렇군요. 그래서 뻐근하다든지 가끔은 번개 맞은 것 같을 때는 그럴 수도 있다라고 생각하면 된다는 말씀이시군요. 그런데 아빠, 멍이 드는 경우는 없나요?

있지. 멍이 들 수도 있는데, 그럴 경우는 대부분 본인 몸이 허한 경우지. 그런 사람은 어디 살짝 부딪치기만 해도 멍이 드는 경우가 많을 걸. 혹은 혈관에 침을 놓아도 멍이 들 수 있는데 그런 경우는 큰 문제라고 생각할 것 없어. 시간이 가면 멍은 저절로 없어지거든.

그렇군요. 그 밖에 침을 맞을 때 알아야 될 것은 없나요?

있지. 우선은 몸의 긴장을 풀고 최대한 이완시키는 것이 요령이야. 앞서 이야기했던 것처럼 '에고에고~'를 의식적으로 하다 보면 몸이 저절로 이완되고, 그러다 보면 어느 순간 내 입에서 호흡이 이루어지게 된단다. 그러니까 침을 맞을 때는 '흡吸' 즉 숨을 들이마실 때보다는 '호呼' 즉 숨을 내쉴 때 맞는 것이 요령이 아닐까 싶구나. 자연스럽게 숨결을 따라서……

'에고에고~'로 시작하지만 어느 순간 호흡을 하면서 숨결을 따라 침을 놓고 맞으라는 말씀이군요.

그렇지. 침은 말이다, 맞는 것도 경험이 많이 필요하고, 침을 놓는 것도 경험이 많이 필요한 기술이란다. 그래서 침술鍼術이라고 하지 않았겠니? 기술技術은 연습만이 살길이다. 연습만이…….

경락, 물의 흐름

아빠, 그럼 이제 열두 개의 경락에 대해서 자세하게 말씀해주세요.

그래. 알았다. 우리 몸은 '소우주'라 해서 '대우주'인 자연과 밀접한 관련을 맺고 있다고 볼 수 있지. 좀 복잡하게 이야기할 수 있는 부분이지만, 우리는 그렇게 보지 말고 쉽고 간단하게 이해해보도록 하자꾸나. 침돌아! 1년은 몇 개월로 되어 있지?

😀 12개월이요. 그래서 우리 몸에도 경락이 열두 개 있다고 말씀해주셨잖아요.

😊 그랬었지. 그런데 그 경락들이 다니는 지하철 노선들을 알아야만 네가 원하는 목적지에 쉽게 갈 수 있지 않겠니? 물론 지하철 노선들은 서로 연결되어 있지만 이왕이면 목적지까지 빠르게 가는 노선을 알고 있으면 시간도 단축될 수 있고 돌아가는 수고를 덜 수도 있으니까 말이야.

😀 기차로 생각한다면, 부산에 갈 사람은 경부선을 타야 하고 광주에 갈 사람은 호남선을 타야 한다는 말씀이시죠?

😊 그렇지. 지하철로 생각한다면 내가 가려는 곳의 지하철을 잘못 타면 시간을 허비하고 고생은 하겠지만 내려서 환승하면 목적지에는 갈 수 있다는 얘기다. 서로 연결되어 있으니까…….

😀 급한 사람은요?

😊 급행을 타든가 혹은 택시를 타든가 하면 되는 거 아니겠니? 침돌아, 부산에서 서울로 가는 교통수단은 몇 가지가 될까?

😀 기차로는 KTX, 새마을호, 통일호가 있고, 버스로는 고속버스가 있지요.

😊 과연 그럴까? 기차와 고속버스 이외에도 시외버스와 시내버스를 갈아 타면서 갈 수도 있고, 시간은 좀 걸리겠지만 오토바이나 자전거를 탈 수도 있을 것이고, 또한 걸어갈 수는 없을까?

😀 그럴 수도 있기는 하지만 그건 너무 비현실적이잖아요.

😊 꼭 그럴까? 아빠 이야기는 '생각의 전환'을 하면 서울에 갈 수 있는

방법은 다양하다는 말이야.

우리가 몸이 아플 때도 병원에 갈 수도 있고, 한의원에 갈 수도 있고, 집에서 자가치유自家治癒도 할 수 있다고 그랬었지? 병의 위중에 따라서 위급한 병은 앰뷸런스를 타고 응급실에 가서 병원 시스템을 통해 치료할 수도 있지만, 경미한 병증들은 시내버스를 갈아타거나 자전거를 타고 가거나 걸어가듯이 자가치유도 가능하다는 말을 하고 싶은 거란다.

😊 그렇군요. 그런데 자가치유와 경락의 흐름과는 무슨 관계죠?

😊 경락의 흐름을 알면 스스로 자가침술도 가능하지 않을까?

1년은 12개월이듯이 사람 몸에는 열두 개의 경락이 흐른단다. 그것을 '경락 유주經絡流注'라고 하지.

😊 유주가 뭐예요?

😊 흐를 유流, 물댈 주注. '물이 흘러가는 것, 물의 흐름'이라는 뜻이야.

1호선부터 12호선까지의 경락이 공간적으로 사람 몸에 세로와 가로로 물 흘러가듯이 간다는 말이란다. 즉 경락이 1호선부터 12호선까지 일정한 패턴으로 흘러가는 것을 경락 유주라고 해.

😊 일정한 순서로 경락이 흘러간다는 말씀이군요. 그리고 그 순서를 '수의 관점'으로 설명하시려는 거고요.

😊 그렇지. 『천부경』에서 나온 '수의 논리' 중 2에서부터 6까지를 가지고 경락의 유주 순서를 이야기하려는 거란다. 더불어 침뜸 의술에서 사용되는 용어들도 설명하려는데 조금 어렵다는 느낌이 들 수가 있단다. 이해 안 되는 부분이 있으면 바로바로 물어보렴. 알겠지?

😊 예, 알겠습니다. '수 2의 관점'이라면 양과 음이니까 경락도 '양경락 음경락'으로 나누어질 수 있겠네요?

당연하지. 우선 경락도 '수 2의 관점'인 음양으로 구분할 수가 있단다. '경經'은 세로로 락絡은 가로로 이어진다는 것을 잊지 말아라. 집을 지을 때 기둥을 먼저 세우듯이 세로인 경經이 먼저이고, 보는 가로에 해당되므로 락絡은 나중이 되겠지.

1호선부터 12호선까지의 경락 중 어느 것인지는 몰라도 양경락 여섯 개, 음경락 여섯 개가 반드시 있다는 거지.

1년 열두 달을 상반기 6개월, 하반기 6개월로 나누는 것과 비슷하네요.

그렇지. 하지만 1월부터 6월까지를 '상반기', 7월부터 12월까지를 '하반기'라고 한다고 해서, 경락 1호선부터 6호선까지를 '양경락', 7호선부터 12호선까지를 '음경락'이라고 생각하면 안 된단다. 경락 여섯 개씩을 '양경락, 음경락'으로 구분할 수 있다는 거지…….

네, 그럼 '수 2의 관점'인 음양으로 양경락의 쓰임과 음경락의 쓰임을 말씀해주세요.

침뜸 의술에서는 음양의 '체體'와 '용用'이 조금은 다른 것 같구나. '체體'와 '용用'의 개념은 앞에서 설명했는데 다시 보충 설명을 해주마. '체體'는 이치, 본체의 개념으로 보고, '용用'은 현실, 현상, 실용적으로 활용되는 개념으로 볼 수 있겠지. 가령 어떤 남자가 있단다. 신체적으로는 남자지만, 성격은 여자의 성격을 가지고 있어서 꽃을 좋아하고, 여자들이 하는 것을 좋아하고 남자들이 하는 일을 싫어한단다. 그렇다면 이 남자는 남자일까? 여자일까?

당연히 남자죠.

그렇지. 하지만 '체體'는 남자인데 '용用'은 여자라고 볼 수도 있지 않을까?

모습은 남자인데, 하는 행동은 여자라는 말씀이시군요. 일반적인 남

자의 성격과는 다르니까 그
렇게 볼 수도 있겠네요.

'체'는 남자,
'융'은 여자

인정해야지. 그 남자의 삶을
위해서 그 남자가 가지고 있
는 성격을……

여성적인 성격을 인정해주
는 것이 그 남자의 행복한 삶
을 위해서 맞는 것이지, 억지
로 남자다운 성격으로 개조
한다는 것은 어거지 아닐까 싶구나.

겉모습은 남자인데 속성격은 감수성이 예민한 여성성을 가지고 있
다고…….

그렇군요. 그런데 그것과 침뜸이 무슨 상관이 있죠?

일반적으로 불은 아래에서 위로 올라가기 때문에 '양'이라 하고, 물
은 위에서 아래로 내려가기 때문에 '음'이라고 한단다. 그런데 침뜸
의술에서는 햇빛은 위에서 아래로 내려가기에 '양'이라 하고, 수증
기는 아래에서 위로 올라가기에 '음'이라고 말하지.

'열熱'을 양이라 보고, '한寒'을 음이라 본다면, 열이 발생되었을 때
침뜸 의술에서는 양경락을 우선 사용하면 열은 떨어진다고 보고 있
고, 몸이 차면 음경락을 사용해서 몸을 따뜻하게 할 수 있다고 본단
다.

아빠! 몸이 찰 때는 소쿠리 뜸이 침보다 낫지 않을까요?

그렇지. 열이 발생되었을 때는 침을 쓰고, 몸이 찰 때는 소쿠리 뜸이
편하겠지만, 상황이 여의치 못할 때는 음경락을 사용할 수도 있다는

얘기란다.

이 모든 것이 '수 2의 관점'인 음양론으로 '이것과 저것'으로 구분하
고 있음을 잊지 말아라.

몸에도 음양이 있다, 당연히!

🙂 그런데 어떻게 우리 몸을 음양으로 구분할 수 있을까요?

🙂 배꼽을 기준으로 해서 상반신은 양, 하반신을 음으로 구분할 수 있
지. 그리고 손을 양으로 보고 다리를 음으로 생각할 수도 있고. 또 손
을 놓고 보면 손 안쪽을 음, 바깥쪽을 양으로 볼 수 있고, 다리를 놓
고 보면 다리 안쪽은 음이 될 것이고, 바깥쪽은 양이 되겠지.

🙂 그럼 손으로 가는 경락은 양경락, 다리로 가는 경락은 음경락이라고
불러도 되나요?

🙂 그럼. 배꼽을 기준으로 해서 본다면 그렇지. 음양론의 핵심은 어디를
기준으로 하느냐에 따라서 음양이 바뀔 수 있다는 것이지. 정말 중
요한 개념이란다.

🙂 예, 알겠습니다. 그러니까 손으로 6개의 양경락이 지나가고, 다리로
6개의 음경락이 흘러가겠군요.

🙂 그래. 또 손을 놓고 본다면, 안쪽으로 지나가는 경락은 음경락이 될
것이고, 바깥쪽으로 지나가는 경락은 양경락이 되겠지. 다리도 손과
같이 다리 안쪽으로 지나가는 경락은 음경락이 될 것이고, 바깥쪽으
로 지나가는 경락은 양경락이 되겠지.

🙂 큰 틀에서는 배꼽을 기준으로 음과 양을 구분하셨고, 다시 작은 틀
로 손과 다리를 안과 밖으로 음양으로 구분하신 거군요.

그렇단다. 그리고 경락은 일정한 패턴을 가지고 우리 몸을 지나다닌 단다.

음악의 4박자로 비유할 수도 있겠는데, 경락은 가슴에서 출발해서 손으로 가고, 다시 손에서 머리로 가고, 머리에서 다리로 내려간 후 다시 가슴으로 들어오는 패턴이지.

이 4박자의 경락 유주 패턴을 도시의 지명으로 재미있게 설명할 수 도 있단다.

도시의 지명을 이용하신다고요?

응. 가슴을 서울로 보고, 손을 신의주로 보고, 머리를 평양으로 보고, 다리를 부산으로 가정해보자. 그러면 경락은 서울에서 출발해서 신 의주로 가고, 신의주에서 다시 평양으로 간 후, 평양에서 부산으로 내려가지. 그리고 부산에서 처음 출발했던 서울로 돌아오는 패턴을

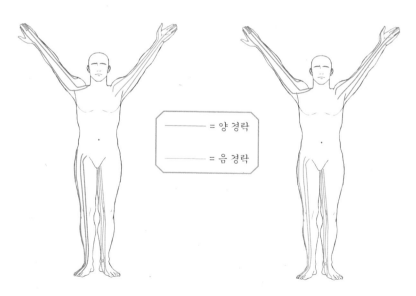

손과 다리의 안, 밖 기준 음, 양 경락   배꼽 기준 상, 하로 나눴을 때 음, 양 경락

지니고 있단다.

🙂 아빠! 그림으로 설명해주실 수 있나요?

😊 할 수 있지. 네가 대한민국만세를 부르는 거야. 그러면 두 손은 하늘을 향해 뻗쳐 있겠지? 그리고 가슴, 손 ,머리, 다리로 4등분을 한다면 금세 이해할 수 있지 않을까?

🙂 아! 그렇겠네요.

😊 침돌아! 지금부터 집중하거라. 손을 안쪽과 바깥쪽으로 구분할 거고, 다리도 안쪽과 바깥쪽으로 구분할 거야.

🙂 왜요?

😊 가슴에서, 즉 서울에서 출발한 기차(경락)는 신의주 즉 손으로 올라갈 때는 손의 안쪽으로 올라갈 것이고, 머리 즉 평양으로 내려갈 때는 손의 바깥으로 내려가서 평양에 도착하거든. 그리고 다리, 즉 부산으로 내려갈 때는 다리 바깥쪽으로 내려가서 가슴, 즉 서울로 올라올 때는 다리 안쪽으로 기차(경락)가 올라오거든.
침돌아! 아빠가 네게 경락 유주를 말할 때, '올라간다, 내려간다'라는 표현을 사용했는데, 그 이유를 알 수 있겠니?

🙂 양경락은 열(濁濁한 기)을 내리고, 음경락은 온기(淸淸한 기)를 올리기 때문 아닐까요?

😊 맞다. 침뜸 의술에서는 몸에 흐르는 경락 유주를 설명할 때 항상 '대한민국만세'를 부르는 동작을 취하고 있다는 가정을 해야 한단다. 그래야만 양경락은 기氣를 내리고, 음경락은 기를 올린다고 말을 할 수가 있단다.

🙂 왜 갑자기 '기氣'라는 말씀을 하시는 거죠?

😊 침뜸 의술에서는 건강한 몸 상태를 배꼽 위와 아래의 균형으로 본단다.

즉 머리와 아랫배의 조화라고 본다면, 머리는 차게 되어야 하고 아랫배는 따뜻하게 되어야 하지. 기가 원활하게 소통된다면, 머리는 항상 맑고 아랫배는 따뜻해지는데, 일상생활을 하다 보면 기는 항상 위로 뻗치기 때문에 그로 인하여 머리는 항상 맑지 않고 아프게 되는 거지.

🙂 아! 그래서 스트레스를 받으면 먼저 두통이 오는 경우가 많은 거군요.

🙂 그렇지. 그래서 위와 아래의 균형 실조로 인해서, 양인 남자는 뒷목이 뻣뻣해지고, 음인 여자는 아랫배가 찬 경우가 많은 거지.
일반적으로 우리 몸은 과로를 하거나 힘이 들면 기가 위로 오르게 되는데, 이것을 '상기증上氣症'이라고 말을 하지.

🙂 상기증요?

🙂 그렇지. 병의 원인을 내인과 외인으로 구분했을 때, 감정의 문제에서 야기된 분노로 인해 기는 위로 오르기 때문에 상上을 '위 상'으로 해석하지 않고, '오르다'라는 뜻인 '오를 상'으로 해석한다. 그래서

일이 내 맘대로 원활하게 되지 않을 때 병이 온다고 했잖니?

마치 머리가 탁주濁酒인 막걸리처럼 탁해지는 것이지. 이럴 때 탁기濁氣를 내리려면 먼저 쓰는 경락이 '양경락'이라는 것을 잊지 말아라. 그리고 내려간 탁기는 배를 따뜻하게 함으로써 청주淸酒로 변해서 음경락은 청기淸氣를 올려주는 것이지.

- 양경락을 사용해서 올라간 탁기濁氣를 바로 내린다는 것이군요. 그럴 때의 대표적인 지하철 노선인 경락과 역인 혈이 있나요?

- 있지. 그런데 벌써 지하철 역인 혈자리를 질문하면 안 되는데…….

- 왜요?

- 지금 지하철 노선의 흐름, 즉 경락 유주를 4박자의 패턴으로 이야기하고 있는데, 갑자기 역인 혈자리를 묻고 있으니 대답을 해야 되는지 말아야 하는지 순간 갈등이 생기는구나.

- 그래도 일단 하나만 가르쳐주세요.

- 알겠다. 단 대답을 하기에 앞서 '이런 병증에는 이런 혈자리를 쓴다'는 식의 암기적 공부보다는 내 몸의 어느 부위가 아픈지를 확인하고, 그곳을 지나는 경락이라는 지하철 노선이 몇 호선인지를 확인하고 그곳의 대표혈을 선택함으로써, 그 병증을 치유할 수 있다는 것을 알아야 한다. 이렇게 해야지만 그 많은 혈자리의 혈성을 몰라도 쉽게 병을 알 수 있고 치유할 수 있다는 것을 명심해야만 한다.

- 예.

- 항상 사용해도 되는 지하철 역 즉 혈자리를 '상용혈常用穴'이라고 하는데, 3호선인 '족삼리足三里'가 답이 되겠지. 족삼리는 항상 사용되는 혈인데, 탁기를 내리는 데는 최고의 혈이란다.

열두 경락, 열두 달

그렇군요. 알겠습니다. 아빠! 열두 개의 경락을 1년 12개월로 비유할 수 있다고 하셨는데, 조금 더 자세히 말씀해주시겠어요?

오, 그래, 알겠다.

침돌아, 1년 12개월을 상반기, 하반기로 구분할 수도 있다고 그랬었지? 다시금 1년을 1분기, 2분기, 3분기, 4분기로 나눌 수 있고, 1분기 안에는 1월, 2월, 3월이 있고, 2분기 안에는 4월, 5월, 6월이 있고, 3분기 안에는 7월, 8월, 9월이 있고, 4분기 안에는 10월, 11월, 12월이 있지. 즉 1년 열두 달을 사용하기 편하게 구분하듯이 12경락도 이처럼 구분하면 쉽게 이해할 수 있지 않을까?

예, 그렇겠네요.

경락이라는 지하철 노선도 1호선부터 12호선까지를 '수의 관점'으로 구분할 수 있는데, 분기별로 나누는 것과 비슷하지만 똑같게 나누지는 않는단다.

예를 들면 경락은 '수 2의 관점'으로는 양경락 여섯 개, 음경락 여섯 개로 나눌 수 있지. '수 3의 관점'으로는 경락이 흐르는 공간이 내 몸의 앞으로 흐르는 전면부, 뒤로 흐르는 후면부, 옆으로 흐르는 측면부로 구분할 수 있고, '수 4의 관점'으로는 전면부에 흐르는 경락은 1호선부터 4호선까지 구성되어 있고, 후면부로 흐르는 경락은 5호선부터 8호선으로 구성되어 있고, 측면부로 흐르는 경락은 9호선부터 12호선으로 구성되어 있다는 것이지.

🙂 똑같은 것 같은데 뭐가 다르죠?

😊 1년 열두 달을 4분기로 나눌 때는 한 분기당 석 달씩을 배치하는데, 경락 유주를 구분할 때는 공간을 셋으로 나눈 후, 한 공간에 네 개씩의 경락을 포함시켰잖아. 그래서 1년 열두 달과 몸의 경락 유주 비교가 완전하게 일치한다고 할 수는 없지만 아빠는 이해를 돕기 위해서 1년 열두 달과 몸의 경락 유주를 자주 비교한단다.

🙂 아! 그렇네요. 그래서 열두 개의 경락이 네 개씩 다니는데, 서울에서 신의주, 평양, 부산으로 다니는 거군요.

😊 그래, 맞다.

5
장

경락의 구조

엄마 제가 도울
테니 함께 병증을
해결해요.

병증

4박자의 패턴으로 흐르는 경락의 유주에 열두 개의 경락을 대입시키면 되는데,
전면부로 흐르는 1호선부터 4호선까지의 경락들은 가슴, 손, 머리, 다리를 지날 때
전부 위쪽으로 지나간다는 것이지.

🙂 자, 지금부터 얘기하는 것들은 조금 복잡해지는데 중요한 부분이니 집중하면서 잘 들어야 한다.

😮 이제부터 어려워진다는 뜻이지요?

🙂 아니야. 이치만 잘 이해한다면 그렇게 어렵지 않단다. 일단 '수 3의 관점'으로 경락이 지나는 부위를 3등분한다는 것을 꼭 알아야 한단 다. 가슴, 손, 머리, 다리를 3등분하는 거지.

손을 윗부분, 아랫부분, 가운데 부분으로 3등분할 수 있고, 머리도 앞머리, 뒷머리, 옆머리로 3등분할 수 있고, 가슴도 앞가슴, 뒤쪽 가 슴, 옆가슴으로 3등분할 수 있고, 다리도 발목을 기준으로 앞부분, 아랫부분, 가운데 부분으로 3등분할 수 있단다.

😮 그렇게 3등분한 다음에는요?

🙂 경락의 유주는 4박자의 패턴으로 흐르고 있다고 아까 말했었지? 그 패턴에 열두 개의 경락을 대입시키면 되는데, 전면부로 흐르는 1호

선부터 4호선까지의 경락들은 가슴, 손, 머리, 다리를 지날 때 전부 위쪽으로 지나간다는 것이지.

그럼 후면부를 지나가는 5호선부터 8호선까지의 경락들은 가슴, 손, 머리, 다리를 지날 때 전부 뒤쪽으로 흘러가겠군요.

그렇지. 그리고 측면부를 지나는 9호선부터 12호선까지의 경락들은 가슴, 손, 머리, 다리를 지날 때 전부 측면부인 가운데 부분을 지나가는 것이란다.

네, 경락을 세 개의 공간에 네 개씩 넣는다는 걸 이젠 알겠어요.

그래. 그리고 경락은 전면부, 후면부, 측면부로 흐른다는 것을 잊지 말아라. 전면부, 측면부, 후면부가 절대 아니고, 전, 후, 측의 순서로 흐른다는 것을……

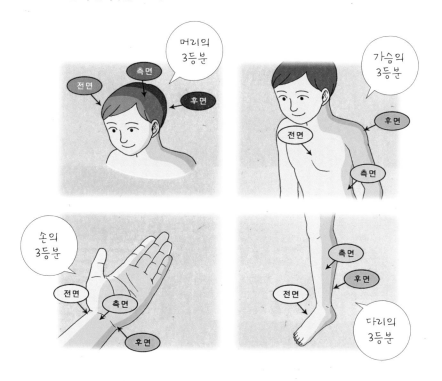

전면부로 흐르는 경락 ①②③④호선

지금부터는 전면부로 흐르는 1호선부터 4호선까지의 경락들을 좀 더 자세하게 살펴보도록 할까?

손과 다리를 기준으로 봤을 때, 1호선은 손의 안쪽으로 흐르고, 2호선은 손의 바깥쪽으로 흐르겠지. 3호선은 다리의 바깥쪽으로 흐르고 4호선은 다리 안쪽으로 올라오고 말이다.

예. 손의 안쪽은 음경락, 바깥쪽은 양경락이고, 다리의 바깥쪽은 양경락, 안쪽은 음경락이라고 하셨어요.

그래, 잘 기억하고 있구나. 거기에 맞추어서 전면부로 흐르는 경락을 1호선부터 맞춰가면 되는 거란다. 1호선은 가슴에서 시작해 손의 안쪽으로 흘러가는데 손목 윗부분을 지나면서 엄지손가락에서 끝난단다. 2호선은 두 번째 손가락에서 출발해서 손의 바깥쪽을 흘러가는데 손목 윗부분을 지나면서 앞머리 코에서 끝이 난단다.

3호선은 머리에 있는 눈 밑에서 시작해 앞쪽의 가슴과 배를 지나서 다리의 바깥쪽을 내려가는데 다리에 있는 발목의 윗부분을 지나면서 두 번째 발가락에서 끝이 난단다.

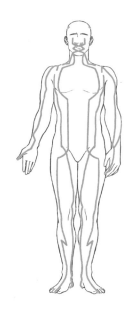

전면부 경락 유주도

4호선은 다리에 있는 엄지발가락에서 시작해서 다리의 안쪽을 지나가는데 발목의 윗부분을 지나면서 가슴에서 끝나게 되지.

알 것 같으면서도 어려운데 더 쉽게 이해할 수 있는 방법은 없을까요?

시중에는 경락에 관련된 그림들이 많이 있단다. 중요한 것은 1호선부터 12호선까지의 경락도를 낱개로 보면 복잡해서 이해하기가 어려운데, 이렇게 4개씩 묶어서 굵은 경락의 유주선이 앞으로 가는지, 뒤로 가는지, 옆으로 가는지를 보는 것도 요령일 거다.

그리고 1호선과 2호선은 경락이 손의 안과 밖으로 흐르고, 3호선과 4호선은 다리의 밖과 안으로 흐르고 있다는 것을 기억하고 경락도를 보는 것도 요령이라고 볼 수 있지 않을까 싶구나.

아! 그렇군요. 1호선과 4호선의 경락은 손과 다리의 안쪽으로 흐르고, 2호선과 3호선의 경락은 손과 다리의 바깥쪽으로 흐른다는 공통점이 있네요.

그래 맞다. 아빠가 그걸 얘기해버리면 네가 헷갈릴 것 같아서 말을 하지 않았는데, 스스로 알아차리다니 우리 아들 보는 눈이 있구나, 하하.

1호선과 4호선은 손과 다리의 안쪽 윗부분을 지나다니고, 2호선과 3호선은 다리의 바깥쪽 윗부분을 지난다는 것을 꼭 기억해두렴.

예, 그런데 아빠! 목과 가슴, 배의 앞부분은 어디에 속하나요?

좋은 질문이구나. 3호선의 경락 흐름을 보렴.

3호선 경락의 혈자리는 굉장히 많기도 하지만, 얼굴에서 다리로 내려갈 때, 목의 앞부분, 가슴과 배를 지나가고 있기 때문에 앞목과 가슴, 배의 문제는 3호선의 대표혈로써 치유할 수 있겠지?

그럼 아빠 말씀은 경락이 지나가는 부위가 아프면 그곳이 어느 경락에 속하는지를 공간적으로 파악한 후, 그 경락의 대표혈에 침을 놓으면 된다는 말씀인가요?

그렇지. 그 얘기를 하려고 지금까지 경락을 구분해가면서 여기까지 오게 된 거란다.

지금까지 아빠가 한 얘기를 한번 정리해보자. 그러니까 12경락을 '수 2의 관점'으로 양경락 여섯 개, 음경락 여섯 개로 나눌 수 있고, '수 3의 관점'으로 경락은 전면부, 후면부, 측면부로 지나는 부위를 나눌 수 있고, '수 4의 관점'으로 전면부에 1호선부터 4호선까지를 배속하고 후면부에 5, 6, 7, 8호선을 배속하고, 측면부에 9, 10, 11, 12호선을 배속할 수 있다라는 거다. 어때, 여기까지는 이해할 수 있겠지?

예, 그리고 전면부를 흐르는 1호선은 가슴에서 시작해서 엄지손가락으로 끝나고, 2호선은 두 번째 손가락에서 출발해 머리에 있는 코에서 끝나고, 3호선은 머리에 있는 눈 밑에서 시작해서 다리로 내려가 두 번째 발가락에서 끝나고, 4호선은 엄지발가락 안쪽에서부터 출발해 가슴에서 끝난다는 거죠?

그렇지. 아울러 전면부의 경락을 예로 들자면, 아픈 부위가 어느 곳인지를 보고 그곳을 지나는 경락이 1호선부터 4호선 중 어느 노선에 해당하는지를 파악한 후, 그 경락의 대표혈에 침을 놓으면 아픈 부위가 치유될 수 있다는 것이 핵심이란다.

아, 그렇군요. 잘 알겠습니다.

후면부로 흐르는 경락 ⑤⑥⑦⑧호선

🧑 아빠! 그럼 후면부로 흐르는 경락도 전면부와 마찬가지겠군요?

🧑 큰 틀에서는 비슷하겠지만, 경락이 지나가는 공간이 뒤쪽이라는 것
이 특징이겠지.

좀 더 자세히 살펴볼까?

🧑 예.

🧑 5호선부터 8호선까지의 지하철 노선은 몸의 후면부를 다니는 노선
이지.

복잡하게 생각하지 말고 전면부와 같은 패턴이라고 보면 된단다. 단
지 흘러다니는 곳이 손목과 발목의 아래 부분이고, 몸의 뒷부분인
등 쪽으로 지하철이 다닌다고 생각하면 된단다.

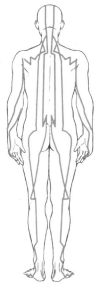

후면부 경락 유주도

🧑 지하철이 운행되는 곳이 뒤쪽
동네라는 말씀이시군요.

🧑 그래, 뒤쪽 동네지. 한번 가볼
까?

5호선은 4호선의 종착지인 가
슴에서부터 출발한단다. 그리
고 손의 안쪽으로 흘러가는데
손목 아래쪽을 지나면서 새끼
손가락 안쪽에서 끝나지. 6호선
은 새끼손가락 바깥쪽에서 시
작해서 손의 바깥쪽을 흘러가
는데 손목 아랫부분을 지나면

서 등쪽의 견갑골을 지나 머리의 귀 쪽에서 끝나는구나. 7호선은 머리의 눈 근처에서 출발해서 뒷머리를 지나 다리의 뒤쪽으로 내려가는데 발목의 복숭아뼈 근처 뒷부분을 지나면서 새끼발가락에서 끝이 나지. 8호선은 다리의 발바닥에서 시작해서 다리 안쪽으로 올라가는데 발목의 복숭아뼈 근처 아랫부분을 지나면서 가슴에서 끝이 난단다.

🙂 뒷목과 등, 허리는 몇 호선에 해당되나요?

😊 뒷목과 등과 허리는 당연히 7호선에 해당되겠지. 전면부의 3호선과 마찬가지로 후면부의 7호선에도 혈자리가 많이 분포되어 있는데, 그 중 등에는 5장 6부와 관련된 혈자리가 많이 있지. 그래서 7호선은 7호선 그 자체만으로도 진단과 치료가 가능한 경락이기에 중요하게 생각해야 한다는 것을 잊지 말아라.

🙂 전면부 경락에서 말씀하신 것처럼, 5호선과 6호선은 손목의 아랫부분을 중심으로 손의 안쪽과 바깥쪽을 지나가는군요.

😊 그렇지. 그렇게 바라보는 안목이 중요하단다. 후면부를 관장하는 경락이니까, 5호선과 6호선은 손의 안과 밖으로 지나가고, 7호선과 8호선은 다리의 안과 밖을 지나가는 것이지.

🙂 아울러 5호선과 8호선은 손과 다리의 안쪽으로 올라가는 경락이고, 6호선과 7호선은 손과 다리의 바깥쪽으로 내려가는 경락이겠군요.

😊 그렇지. 조금 헷갈릴 수도 있지만 수족手足의 안쪽으로 흐르는 경락을 하나로 묶어 보고, 수족의 바깥쪽을 흐르는 경락을 또 다른 하나로 묶어서 보는 시선을 가질 수도 있도록 해야 한다.

🙂 왜 그렇게 힘들고 복잡하게 보아야 하나요?

😊 좋은 질문이구나. 음양을 구분하는 '관점의 차이'라고 해야겠지. 음

양을 나눌 때 어디를 기준으로 하느냐에 따라 음양의 속성이 바뀐단다. 동양학의 핵심은 '모든 것은 다 변하고, 그 변화한다는 사실 자체는 절대 바뀌지 않는다'라고 생각하는 것이지.

아빠와 너와의 관계는 부자의 관계지?

 그렇죠. 부자지간父子之間.

 아빠를 '양'으로 보고, 너를 '음'으로 볼 수도 있겠지?

 예.

 네가 커서 자식을 얻게 된다면, 네가 '양'이 되고 네 자식은 '음'이 될 수도 있겠지?

 그렇죠.

 이렇게 너 자신만 놓고 볼 때도 너는 음도 될 수 있고 양도 될 수 있지 않니? 아빠와의 '음양 관계'에서는 네가 '음'이 되겠지만, 네 자식과의 음양 관계에서는 네가 '양'이 되는 것처럼 말이야.

 예. 그렇게 되었네요.

 이렇듯 모든 대상은 음양 관계의 바라보는 관점에 따라서 '양'이 될

수도 있고, '음'이 될 수도 있단다. 네가 '양'이 될 수도 있고 '음'이 될 수도 있듯이 말이다.

🧒 하늘에서 내리는 '눈'도 음양으로 볼 수 있겠네요. 첫눈이 올 때는 많은 이의 마음을 설레게 하고 들뜨게도 하지만, 폭설 때문에 자동차 사고를 일으킬 때는 눈이 원수로 보인다면서요, 하하. 경락을 바라보는 시선도 이와 같다는 거지요?

👨 그렇지. 손을 기준으로 음양 관계를 놓고 보았을 때는 손 안쪽으로 흐르는 5호선의 경락이 음경락이 될 것이고, 손 바깥쪽으로 흐르는 6호선은 양경락이 되겠지.

그리고 다리를 기준으로 음양 관계를 놓고 보았을 때는 다리 바깥쪽으로 흐르는 경락인 7호선이 양경락이 되고, 안쪽으로 흐르는 경락인 8호선은 음경락이 되겠지.

여기까지 이해하겠니?

🧒 예. 알겠어요. 그리고 손과 다리를 하나로 묶어버린다면, 손과 다리의 안쪽으로 흐르는 5호선과 8호선은 음경락이 되고, 손과 다리의

랄라라~
눈이 오네~

이런...
눈 때문에...

바깥으로 흐르는 6호선과 7호선은 양경락이 되겠네요. 그렇죠?

그렇지. 만약에 같은 음의 성질을 가지고 있는 5호선에 병이 나타난다면 8호선이 도와줄 수 있지 않을까? 같은 음경락이니까……

도와줄 수도 있을 것 같은데요

또한 6호선에 병이 생겨서 도움이 필요하다면, 7호선이 같은 양의 성질을 가지고 있으므로 도와줄 수 있지 않을까?

그렇겠네요.

이렇듯 같은 성질을 가지고 있는 경락끼리는 서로 도와줄 수가 있겠지. 5호선이 아프면 5호선 자체를 먼저 다스릴 수 있지만, 5호선과 8호선을 함께 사용해서 5호선의 문제를 해결할 수도 있는 거지.

아! 그렇군요.
그래서 전면부로 흐르는 경락 중에서 1호선과 4호선을 함께 묶으셨고, 2호선과 3호선을 함께 묶으셨군요.

그래 맞다. 어차피 전면부, 후면부, 측면부로 흐르는 경락의 패턴은 같기 때문이지. 그래서 5호선과 8호선은 같은 음경락으로 바라볼 수 있고, 6호선과 7호선은 같은 양경락으로 묶어버릴 수 있는 거지. 이 말은 5호선에 문제가 있으면 8호선이 도와줄 수 있고, 8호선에 문제가 발생되면 5호선이 거들어줘서 8호선의 문제를 해결할 수도 있다는 거지. 같은 성질을 가지고 있으니까. 중요한 개념이란다. 알겠지?

예, 알겠습니다.

측면부로 흐르는 경락 ⑨⑩⑪⑫호선

😊 아빠! 측면부로 흐르는 경락도 설명해주세요.

😄 그래, 그래야지.

9호선부터 12호선까지의 경락은 측면부로 흐르는 지하철 노선이란다. 8호선의 종착지인 가슴에서부터 9호선은 시작되겠지. 9호선은 가슴에서 시작해서 손의 안쪽으로 흐르는데 손목의 가운데 부분을 지나면서 세 번째 손가락에서 끝난단다. 10호선은 네 번째 손가락에서 출발해 손의 바깥쪽을 흘러가는데 손목의 가운데 부분을 지나면서 머리의 측면부인 귀 근처에서 끝나지. 11호선은 머리의 옆쪽인 눈 바깥쪽에서 시작해서 머리의 측면을 돌아 다리의 측면부로 내려가는데 발목의 가운데 부분을 지나면서 네 번째 발가락에서 끝나지.

12호선은 엄지발가락 바깥쪽에서 출발해서 다리의 안쪽으로 흐르는데 발목의 가운데 부분을 지나면서 가슴에서 끝이 나는 경락이란다.

😊 그렇군요. 아빠, 사람들이 머리 아프다고 하면서 옆머리를 많이 만지던데, 옆머리와 옆구리는 몇 호선의 경락에서 다루나요?

😄 측면부인 옆머리에는 많은 혈자리가 있단다. 그리고 옆구리 몸통으로는 11호선이 지나가는데, 3

측면부 경락 유주도

호선, 7호선, 11호선은 다른 경락에 비해 혈자리를 많이 가지고 있지. 아빠 생각에는 기를 내리는 데는 다른 경락에 비해서 많이 쓰는 경락이 아닌가 싶구나.

😀 그럼 아빠도 3호선, 7호선, 11호선의 대표 혈자리를 많이 쓰세요?

😊 응. 아빠는 3, 7, 11호선의 대표혈인 족삼리, 양릉천, 위중을 많이 사용하는 편이란다.

뒤에서 혈자리의 위치를 설명하겠지만, 앞서 이야기한 기가 올라가는 '상기증'에는 무조건 탁기를 내려야 하는데, 이때 이 세 개의 혈을 많이 사용하지.

😀 아 그러시군요.

아빠! 측면부로 지나는 경락도 손을 중심으로 9호선과 10호선을, 다리를 중심으로 11호선과 12호선을 함께 묶을 수 있겠네요?

😊 그렇지. 또한 9호선과 12호선, 10호선과 11호선도 함께 묶어서 논할 수 있겠지.

앞서 이야기한 전면부, 후면부의 경락처럼……

이번에는 다른 식으로 경락의 관계를 설명해줄까?

전면이, 후면이, 측면이네 이야기

😀 어떤 방식으로요? 저야 뭐, 쉽게라면 무조건 좋습니다.

😊 그래. 지금부터는 경락을 가족 관계로 설명해줄게.

동양 의술에서 가장 중요하게 여기는 것이 '관계關係'라는 것인데, 어떤 상황에 놓이든 간에 '관계'를 잘 찾아야 한단다.

😀 '음양 관계陰陽關係' 말씀인가요?

앞서 얘기하신 아빠와 저와의 관계, 저와 제 자식과의 관계, 그리고 눈을 바라보는 관점의 차이, 그런 거요?

🙂 그렇지. 자, 지금부터는 측면부로 흐르는 경락들을 '측면이네 집'으로 생각해보자.

일반적으로 한 가정의 가족 구성원은 몇 명일까?

😀 엄마. 아빠, 아들, 딸 이렇게 네 명으로 이루어진 가족이 많지 않을까요?

🙂 그래. 그럼 9호선을 엄마로, 10호선을 아빠로, 11호선을 아들로, 12호선을 딸로 생각해보자. 그러면 엄마 경락과 아빠 경락은 손의 안과 밖으로 지나면서 손의 가운데 부분에서 발생하는 문제를 해결하는 경락이고, 아들 경락과 딸 경락은 다리의 밖과 안을 지나면서 다리의 가운데 부분에서 발생하는 문제를 해결하는 경락이라고 생각할 수 있겠지.

😀 그럼 엄마, 아빠의 순서를 바꿔도 되나요?

🙂 아니야, 그건 안 돼. 왜냐하면 너의 이해를 돕기 위해서 아빠가 의도적으로 가족 관계를 만든 것이기 때문이야. 안쪽을 음陰이라고 본다면 여자는 양陽일까? 음陰일까?

😀 음이죠, 아~ 그래서 9호선과 12호선이 음경락이기 때문에 여자가 되는 거군요?

🙂 그렇지. 그리고 10호선과 11호선은 양경락이기 때문에 남자로 설정을 해봤단다. 이런 식으로 이해하면 훨씬 쉽게 받아들일 수 있을 거야.

😀 그렇네요.

🙂 그럼 엄마와 아빠는 무슨 관계일까?

😀 그야 부부 관계夫婦關係지요.

🙂 그렇지. 만일 엄마인 9호선이 문제가 생긴다면 먼저 9호선이 자체적

으로 해결하도록 해야겠지. 즉 엄마 경락이 지나가는 지하철 노선에 질병이 발생한다면 엄마 스스로 해결해야 한다는 거야. 그런데 엄마의 힘이 부족하면 어떻게 해야 할까?

아빠한테 연락해서 도움을 요청해야겠지요.

그렇지. 이들은 부부 관계이기 때문에 엄마가 아프면 남편인 아빠가 도와주는 것은 당연지사이지. 그리고 10호선인 아빠 경락 하나만으로 9호선을 치유할 수도 있단다.

아빠 혼자서요?

엄마 경락이 아프니까 엄마 경락은 쉬게 하고 아빠 경락이 엄마 경락 몫까지 일을 할 수도 있다는 거지. 즉 '극즉반의 관점'에서는 음은 양으로 바뀌고 양은 음으로 바뀐다는 것인데, 이 말은 음은 양으로써 다스릴 수도 있고 양은 음으로써 다스릴 수도 있다라는 거지.

그러니까 아빠 말씀은 동양학을 이해하기 위해서는 고정된 생각의 틀을 버리고, '모든 것은 바뀔 수 있다'는 '변화의 수'를 생각해야만 한다는 것이군요?

앞서 말씀하신 '모든 것은 바뀐다. 그리고 그 바뀐다는 사실은 절대로 바뀌지 않는다'라는 것을…….

그렇지. 잘 이해한 것 같구나.

그렇다면 이렇게 생각할 수도 있겠네요. 엄마 경락인 9호선이 아프면 딸 경락인 12호선이 도우러 갈 수도 있겠다고……. 딸이니까.

그럼. 당연한 거지. 왜 그럴까?

모녀지간母女之間이니까요. 즉 손과 다리의 안쪽으로 흐르는 공통점이 있는 음경락이니까요..

맞다! 똑똑한데?

엄마가 아프면 아빠의 도움도 받을 수 있지만, 경우에 따라서는 딸의 도움도 큰 역할을 하지. 같은 여자이기 때문이지. 우리나라에서는 딸이 결혼해서 출산을 하면, 친정 어머니가 산후 수발을 들어주는 일이 많지. 즉 딸 경락인 12호선에 문제가 있으면 엄마 경락인 9호선이 가서 도울 수도 있는 거야. 동기상구同氣相求이기 때문이지.

동기상구요? 그건 무슨 뜻이에요?

딸이 아프면 엄마가 도와야지.

'같은 기운을 가진 것은 서로 구할 수 있다'라는 뜻인데, 같은 여자이
기 때문에, 즉 같은 음경락이기 때문에 소통하는 것이 있다라고 보
면 된단다.

예. 그럼 아빠 경락인 10호선과 아들 경락인 11호선도 부자지간의
관계니까 동기同氣 관계이겠군요?

그렇지. 남자이기에 남자끼리 할 얘기가 따로 있겠지. 나와 너처
럼……

예. 그럼 아들 경락인 11호선과 딸 경락인 12호선은 무슨 관계예요?

남매지간男妹之間의 관계지. 한부모님의 자식으로서 남매지간에는
서로 통하는 DNA가 있지 않겠니? 그래서 11호선인 아들 경락에게
병이 생기면 12호선인 딸 경락이 달려가서 도와주는 것은 당연한 거
지. 이렇게 측면이네 가족들은 한식구이기 때문에 누군가 아프면 서
로가 실질적으로 도와줄 수가 있는 거란다.

예. 쉽게 이해할 수 있어서 좋네요.

그래. 전면부, 후면부로 흐르는 경락들도 이와 같이 설명하면 되지

않을까 싶다.

그러니까 지금부터는 전면부로 흐르는 경락들을 전면이네, 후면부로 흐르는 경락들을 후면이네, 측면부로 흐르는 경락들을 측면이네로 부르기로 하자. 여기서 전면이, 후면이, 측면이는 아빠를 말하는 게 아니라 그 집안의 장정인 아들을 말하는 거란다. 경락들에 이런 식의 이름을 붙이고 가족 관계로 설명하면 네가 이해하기 훨씬 쉬워질 거야.

예, 알겠습니다.

6 장

전면이네, 후면이네, 측면이네

조상님들이
사용하시던
상비약

경락이라는 지하철 노선에는 그 경락의 대표역이 있단다.
그중 아빠는 '원혈原穴'과 '합혈合穴' 두 개씩만을 뽑아서
원혈과 합혈의 배혈을 말하려는 거란다.

🙂 아빠! 그럼 이제 각 혈穴자리에 대해 알아야겠지요?

🙂 그래, 그렇지. 1년은 365일이고 경혈은 360개가 있는데, 아빠는 이 모든 혈자리를 일일이 다 잡고 설명하지는 않겠다. 아빠는 경혈보다는 경락이 공간적으로 사람의 몸에 어떻게 흐르고, 각 경락의 관계를 바라보는 안목을 갖는 것이 중요하고 또한 그 경락끼리의 관계를 음양으로 파악하면 누구나 쉽게 침과 뜸으로 치유할 수 있다고 생각하고 있단다.

🙂 어렵게 공부하기보다는 큰 틀인 대강大綱으로 전통 의술을 바라보는 안목眼目이 필요하다는 말씀을 하시는 거군요.

🙂 그래, 그리고 우리는 의료 행위를 추구하는 것이 아니고, 스스로 몸이 아플 때 어느 경락의 문제인지를 파악한 후, 그 경락과 관련이 있는 다른 경락을 음양 관계로 파악해서 같이 사용하는 방법을 알아야 한단다. 그때 쓰는 대표혈을 공부하면 되겠지.

🙂 그럼 나머지는요?

😊 아빠는 네게 고기를 잡아주려는 것이 아니고 고기 잡는 방법을 가르쳐주고 싶단다.

인터넷이나 시중의 서점에서 파는 책을 찾아보면 경혈에 대해서 자세한 정보가 많이 있단다. 어찌 보면 너무 많아서 문제이지만……. 혈의 위치나 쓰임새를 알고 싶으면 인터넷에 경혈명을 치거나 경혈학 책을 구해서 보면 도움이 될 듯싶다.

🙂 그러니까 아빠는 모든 혈자리를 가르치려 하시기보다는 경락이라는 지하철 노선이 어떻게 흐르는지를 알게 하고, 그 지하철 노선의 대표 혈 몇 개씩만을 가르치시겠다, 이런 건가요?

😊 그래. 아빠는 네게 각 경락의 대표혈 두 개씩만 가르쳐줄 거야. 그런데 그 두 개씩만 가르친다 해도 경혈의 개수는 적지 않을 거야.

🙂 그런데 아빠! 경혈은 아주 미세해서 그 자리를 벗어나면 큰일난다고 하던데요, 정말인가요?

😊 아빠는 그렇게 생각하지 않는단다. 버스를 탈 때 버스 정류장 박스 안에 서 있어야만 탈 수 있는 걸까? 거기서 1m 정도 떨어져 있는 사람은 버스를 탈 수 없을까?

🙂 그거야 운전기사 아저씨 마음 아닙니까?

😊 그렇지. 운전기사분은 버스 정류장 근처에 모인 사람들은 모두 버스를 타려고 모인 사람들이라고 생각하겠지. 어느 때는 승차하려는 사람이 적어 정류장 박스 안에 다 들어설 수 있지만, 승차하려는 사람이 많아서 정류장 박스에서 벗어난 사람들은 굳이 말을 하지 않아도 기사분과 눈만 마주치면 버스를 탈 수가 있단다.

🙂 그 말씀은 곧 경혈자리를 조금 벗어나서 침을 놓아도 괜찮다는 말씀

이신가요?

🙂 그래, 바로 그 말이다.

골도법骨圖法에 의해서 경혈자리의 위치는 정해져 있지만, 그 혈자리를 조금 벗어난다고 해서 큰일이 난다거나 하지는 않는다는 것이지. 그럼에도 불구하고 뭔 큰일이 날 것처럼 하는데 그것은 아닌 것 같구나.

만일 그것이 사실이라면 옛날 침쟁이 할아버지들이 침을 놓아주셨을 때 큰일이 나도 엄청나게 났겠지.

🙂 게다가 우리가 지금 쓰려는 침은 굵은 침이 아닌 0.2mm×40mm의 가는 침이기 때문에 더 위험하지 않고 말이지요?

🙂 그렇지. 아빠가 하고 싶은 말은 버스를 탈 때 버스정류장 박스에서 아예 먼 곳에 떨어져 있으면 안 되겠지만, 버스정류장 박스 근처에만 있다면 버스를 탈 수 있는 것처럼, 침을 놓을 때도 혈자리를 제대로 찾는 것이 필요하겠지만, 조금 떨어진 곳에 놓아도 큰 문제가 되지는 않는다는 거란다.

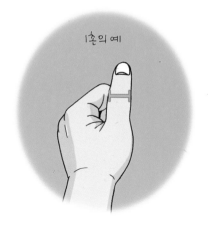

1촌의 예

🧒 골도법이라고 하셨는데요, 그건 뭔가요?

🧑 골도법은 혈자리 잡는 법의 한 가지야. 사람의 신체 일부분을 기준점으로 삼는다는 게 특징이지. 대표적인 길이가 1촌寸 또는 한 치야. 너 사극 좋아하지?

🧒 사극보다는 예능이 좋습니다.

🧑 하하, 그렇겠지. 사극을 보면 죄인을 국문鞠問하는 장면이 나오는데, 죄인이 거짓말을 하면 관원이 이런 말을 하지. "여봐라! 저 죄인이 세 치 혓바닥을 놀릴 수 없도록 주리腠理를 틀거라"라고……. 그때 쓰는 치라는 말이 바로 골도법에 쓰이는 '치'를 말하는 거야. 우리가 일상생활에서 "한 치의 오차도 없이 잘해!"라고 할 때의 '치'도 마찬가지고.

🧒 그럼 '치'는 지금으로 하면 대략 몇 센티미터쯤 될까요?

🧑 각각의 사람마다 치의 기준이 약간씩은 다르겠지? 대개 엄지손가락 첫마디의 좌에서 우까지 길이를 말한다. 골도법은 치를 기준으로 뼈를 가로나 세로로 나누고 그 길이를 기준으로 혈자리를 나타낸 것이란다. 대개 혈자리는 뼈 밑이나 뼈 옆의 쏙 들어간 곳에 많이 있는데, 골도법을 알고 있으면 혈자리를 찾는 데 도움이 많이 되지.

🧒 예, 알겠습니다. 그럼 대표혈에 대해서 말씀해주세요.

대표역

😊 그래. 경락이라는 지하철 노선에는 그 경락의 대표역이 있단다. 그 중 아빠는 '원혈原穴'과 '합혈合穴' 두 개씩만을 뽑아서 원혈과 합혈의 배혈을 말하려는 거란다.

😀 배혈은 무슨 뜻이고 원혈은 무슨 뜻인가요?

😊 배혈配穴은 혈끼리 짝을 이루는 것이란다. 원혈原穴은 원기회복元氣回復이라는 측면에서 볼 수 있지. 몸이 허虛하거나 실實할 때 항상 쓸 수 있는 혈자리인데, 모든 경락의 원혈元穴은 손목과 발목 주변에 위치해 있단다.

😀 '허하거나 실할 때'라는 건 무슨 얘기인가요?

😊 그것을 이야기하자면 깊게 들어가야 하는데…… 어찌 해야 할지 고민스럽구나. 하지만 아빠가 네게 침뜸 의술을 가르치려는 목적이 쉽고 단순하게 배워서 사용할 수 있는 기술에 초점을 맞춘 것이니까 의학적인 용어는 많이 쓰지 않으려고 한다.

그래도 대답은 해야 하니까…….

허하다, 즉 허증虛症은 정기正氣가 부족한 것이고, 실하다, 즉 실증實症은 사기邪氣가 많은 것인데, 음양으로 본다면 허증은 음이고 실증은 양이 되겠지. 허증과 실증은 모두 음양의 균형이 깨진 것인데, 실증은 충실하다는 의미가 아니라 남아서 해害가 되는 것이고, 허증은 부족해서 해害가 된다는 것이란다.

음양 5 : 5의 균형이 건강의 기준이라면 음양 5 : 5의 균형이 무너진 것이 병이라고 하면 될 듯싶구나.

😀 어렵네요. 아빠 말씀처럼 더 이상 깊은 얘기는 묻지 말아야겠어요.

아무튼 내 몸이 균형을 잃었을 때는 경락의 경혈에 침을 놓아 균형을 잡을 수 있다라고만 이해할게요.

그래. 그 정도로 이해한 후에 침을 사용하는 기술을 익히면 침뜸술은 너에게 평생 건강지킴이가 되어줄 거다, 명심하고…….

예, 알겠습니다. 그럼 합혈合穴은 무엇인가요?

합혈은 물의 흐름으로 설명해볼까?

강원도 태백산에는 물이 샘처럼 솟아오르는 '검룡소'라는 곳이 있는데, 바로 이곳이 한강의 발원지야. 작은 샘물은 계곡을 따라 흐르고 흘러 한강이 되고 다시 굽이굽이 흐른 뒤에 서해에서 큰 바다와 합쳐진단다. 경락은 기氣가 다니는 통로라고 얘기했었다. 우리 몸의 손과 발을 놓고 보았을 때, 기氣가 맨 처음 시작되는 곳을 정혈井穴이라고 하고, 기의 양을 실개천 정도에 비유할 수 있는 혈을 형혈滎穴이라고 하고, 하천 정도에 비유 할 수 있는 혈을 수혈輸穴이라고 하고, 강에 비유할 수 있는 혈을 경혈經穴이라고 하고, 바다와 만나는 곳으로 비유할 수 있는 혈을 합혈合穴이라고 한단다.

그럼. 기혈氣血이 가장 많다고 보면 될까요?

물이 가장 많이 있다고 생각하면 네 말이 맞겠지. 그만큼 기혈이 많이 있는 거지.

전통 의술에서는 몸이 아픈 것은 '기불통즉통氣不通則痛'이라고 하는데, 이 말은 기가 소통하지 못하면 몸이 아프다라는 의미란다.

그럼 기를 소통시키려면 기가 많이 있는 합혈을 쓰면 되겠네요?

그렇지. '정혈, 형혈, 수혈, 경혈, 합혈'을 오수혈五輪穴이라고 부르는데, 그 중 합혈을 쓰면 치유 효과를 크게 볼 수 있다고 보고 있지. 그리고 합혈의 위치는 내 몸의 무릎과 팔꿈치 주위에 있는데 침을 놓

기에는 아주 좋은 위치란다.

아, 그래서 원기회복을 시켜주는 원혈과 기의 소통을 크게 도와주는 합혈을 짝으로 구성해서 사용하게 하려는 거군요.

그렇지. 기타 나머지 혈들도 네가 수기手技에 능하고 경락의 공간 개념을 이해한다면 쉽게 사용할 수 있을 거야. 즉 아픈 곳 근처의 혈들을 끌어쓴다면 원합배혈과 함께 치유에 큰 도움이 될 수 있을 거야. 이를 인근취혈隣近取穴이라고 부른단다.

각각의 개성

아빠! 그럼 각 경락의 특징과 대표혈에 대해서 말씀해주세요.

그래. 이제 전면부를 지나는 1호선부터 4호선까지의 '전면이네'와, 후면부를 지나는 5호선부터 8호선까지의 '후면이네', 측면부를 지나는 9호선부터 12호선까지의 '측면이네'에 대해 살펴보자.

예, 그러니까 전면이네의 1호선은 엄마 경락, 2호선은 아빠 경락, 3호선은 아들 경락, 4호선은 딸 경락이라는 거죠? 그리고 후면이네, 측면이네도 그런 식으로 생각하라는 거고요.

그래. 그렇게 하면 경락에 대한 이해가 쉬워진단다. 아울러 사람은 개개인만이 가지고 있는 고유한 색깔이 있는데, 이를 '개성個性'이라고 하지. 너의 개성은 사교성이 좋으면서 친화력이 좋은 거지, 그치?

그건 아빠가 트레킹 갈 때마다 모르는 사람을 보면 여자는 이모라고 부르고 남자는 삼촌이라고 부르라고 시키셨기 때문이잖아요.

그랬나? 아무튼 가족 구성원들은 저마다의 개성이 있는데, 그 개성을 경락의 유주와 치료할 수 있는 병증으로 생각해보자.

좀 더 자세하게 말씀해주세요.

조금 정리를 하자면 12개 정경을 '수 3의 관점'으로 전면이네, 후면이네, 측면이네로 구분했고, 다시 '수 4의 관점'으로 가족 구성원인 엄마, 아빠, 아들, 딸로 구분했지?

지금부터는 그 구성원들의 개성을 살펴보면서 개개인만이 가지고 있는 병증과 치유할 수 있는 원혈과 합혈을 말하려는 거란다.

알겠습니다.

그리고 손가락을 이용해서 12경락을 외울 수 있는 방법을 알게 된다면 공부하는 데 도움이 될 거야.

손가락을요?

각각의 경락은 손가락과 발가락에 연결되어 있지. 즉 경락이 끝나는 곳과 시작하는곳이 손가락과 발가락에 있다는 거야. 예를 들면 엄지 손가락이 아프면 그것은 1호선에 문제가 있다고 말할 수 있고, 두 번째 손가락이 아프면 2호선에 문제가 있다고 판단할 수 있다는 것이지.

4박자로 본다면 손은 신의주, 발은 부산이라고 하셨는데, 손과 발을 구체적으로 나누신 거군요?

맞아. 조금 복잡할 수도 있겠지만, 신의주와 부산이라는 도시에는 작은 규모의 단위인 '동洞'이 있지 않겠니? 예를 들자면 부산의 서면,

해운대, 동래 등이 있듯이
경락이라는 지하철 노선
이 손과 발의 손가락과 발
가락으로 연결되어 있다
는 것이지.

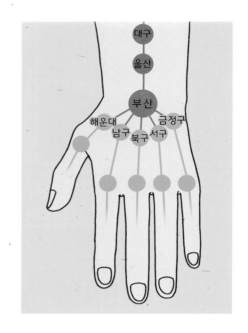

그렇군요. 병증으로도 말
씀해주실 수 있나요?

앞서 이야기한 것처럼 동
양학은 모든 것은 '바뀐
다'라고 생각해야 한다.
『주역周易』이라는 글자를
풀이해보면 '두루 주周'에
'바뀔 역易'인데 모든 것은 두루두루 바뀐, 즉 '변화變化'한다고 하
는 거지. 여기서는 손을 바라보는 관점의 변화를 얘기하는 거란다.
즉 거시적巨視的으로 보았을 때, 손이 아프면 손으로 가는 전면이네
의 1, 2호선과 후면이네의 5, 6호선, 그리고 측면이네의 9, 10호선의
대표혈을 사용하면 손의 병증이 나을 수도 있다고 보지만, 미시적微
視的으로 보았을 때 엄지와 검지손가락이 아프면 전면이네의 1호선
과 2호선의 혈을 쓰면 치유될 수 있다고 보기도 하는 거지.

그 말씀은 손으로 가는 경락 즉 신의주를 가고 싶을 때는 신의주로
가는 노선의 경락을 타면 되는 것이고, 다리로 가는 경락 즉 부산을
가고 싶을 때는 부산으로 가는 노선을 타면 부산에 도착할 수 있다
는 말씀이군요. 그리고 손가락이나 발가락을 부산의 서면, 해운대,
동래 등으로 구분하신다는 거고요.

148

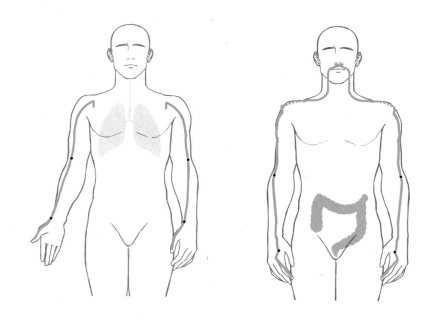

손이 아플 때 사용할 수 있는 1호선, 2호선 혈자리

그렇지. 그럼 경락의 유주를 손가락 그림으로 설명해볼까?

손가락 윗부분을 손手으로 보고 손가락 아랫부분을 발足로 생각하자. 경락의 이름을 보면 모두 장부와 관련이 되어 있단다. 예를 들면 앞서 이야기한 것처럼 1호선은 '수 태음 폐 경락手太陰肺經絡'이 원래의 이름인데, 이것을 쉽게 '폐 경락'이라고 부르지. 우리는 '1호선'이라고 하고. '태음太陰'은 철학적인 의미를 담고 있으니 빼기로 하자.

이처럼 손가락, 발가락은 경락과 연결되어 있어서, 모든 경락을 손가락에다 대입시키면 손만 보고 경락의 이름과 장부를 외울 수가 있단다.

전면이네의 '폐-대-위-비', 후면이네의 '심-소-방-신', 측면이네의 '포-초-담-간' 이렇게 경락의 유주 순서를 외우면 되는 거지. 다만 손가락은 다섯 개인데 경락은 열두 개라서 소지(새끼손가락)의 안과 밖으로 구분해서 사용한단다. 이유는 후에 다시 보겠지만 5호선은 소지 안쪽으로 끝나고 6호선은 소지 바깥쪽에서 경락이 시작되기 때문이란다.

😮 손가락을 이용한 암기법이군요.

😊 좀 유치하지? 그래도 외워야 한다. 이것만은 꼭……

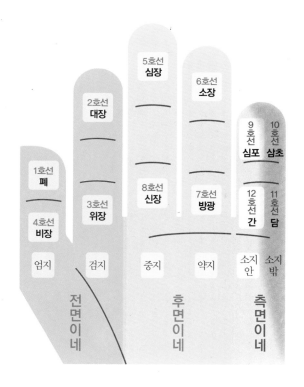

손가락을 이용한 암기법

전면이네 식구들 ①②③④ 호선

① 호선– 수 (태음) 폐 경락

1호선인 수 태음 폐 경락은 배꼽을 기준으로 '수 2의 관점'으로 보면 손은 양, 다리는 음으로 보기에 양경락이라고 볼 수 있지. 그리고 모든 경락의 이름 앞에 있는 '수'나 '족'은 경락이 나가는 곳을 지칭하는 것이라고 얘기했지? 그래서 '수'는 손으로 흐르는 지하철 노선이라고 말하는 거란다. '태음'은 '수 6의 관점'으로 보면 '3음 3양' 중 마지막 음을 말한다. 부연하자면 6기는 '3음 3양'이라 해서 '궐음, 소음, 태음, 소양, 양명, 태양'을 말하는데 6기의 특징까지는 가지 말자.

철학적으로 깊게 들어가기 때문인가요?

그렇지. 다만 전면이네, 후면이네, 측면이네의 시작하는 경락을 여성으로 표현한 것은 6기적인 관점으로 '3음 즉 태음, 소음, 궐음'의 명칭이 각 경락에 포함되어 있기 때문에 음경락이라고 본 것이란다. 즉 1호선은 손으로 가지만 양경락이라 보지 않고, 6기적인 관점에서 '태음'으로 보고 음경락이라고 하는 거지.

잠시만요. 손은 양이라서 양경락이라고 하셨는데, 태음이라서 음경락이라고 하시면 1호선은 양경락과 음경락 중 어떤 경락이라고 보는 게 맞나요?

아주 좋은 질문이구나. 동양학은 '바뀐다'가 중요하다고 했지? 그러니까 어느 것을 기준으로 했느냐에 따라서 음양이 바뀐다고 볼 수 있다고. 바로 지금의 네 질문에 필요한 대답인 것 같은데?

침돌아! 배운 것을 잘 생각해보렴. 배꼽을 기준으로 상하를 나누었을 때는 전면이네의 1호선은 양에 해당될 것이고, 손의 안과 밖을 기준으로 나누었을 때는 전면이네의 1호선은 음이 된다는 거지. 즉 네가 어느 곳을 기준으로 잡고 보느냐에 따라서 전면이네 1호선은 양이 될 수도 있고, 음이 될 수도 있는 거야.

이게 바로 동양학의 특징인 가변적인 사고관이란다. 서양학은 고정적인 사고관이기 때문에 서양학에 근거한 교육을 받고 생활을 하는 우리가 이해하기 어려운 부분일 수도 있어.

아무튼 네가 보는 관점에 따라서 음이 될 수도 있고, 양이 될 수도 있다는 것을 기억하렴.

알겠습니다.

어려운 개념을 잘 이해했으니 이제부터는 쉽게 가보자꾸나.

전면이네의 엄마인 1호선 폐 경락은 가슴에서 시작된 경락이 내 몸속의 폐라는 장기와 연결된 지하철 노선이란다. 즉 가슴에서 시작해 엄지에서 끝이 나지.

그럼 1호선의 병증은요?

가슴에서 시작되는 경락이기에 가슴 통증, 팔꿈치 안쪽의 통증, 윗손목의 통증, 엄지손가락 통증과 폐에 나타나는 천식과 기관지염 등인데 1호선이 지나는 부위에서 일어나는 병증이란다.

원혈인 태연과 합혈인 척택의 혈자리는 어떻게 찾나요?

폐 경락의 원혈인 '태연太淵'은 손목의 주름과 교차하는 부위에 있는데, 왼손을 예로 들면 오른손 두번째 손가락을 세우고 왼손목 위쪽

음·양의 사고관

아빠, 가변적 사고관과 고정적 사고관이 뭐에요?

몸 전체를 기준으로 보면 배꼽 위를 '양', 아래를 '음'으로 볼 수 있지만,

양

음

양에 속했던 손을 놓고 보면,

손등이 양이 되고,

손바닥은 음이 되는게 가변적인 거란다.

기준을 어디에 두느냐에 따라 달라지지,

이처럼 음양은 세상의 고정적 사고관과 달리 상황에 따라 음이 양이 되고, 양이 음이 될 수도 있다는걸 인정하고 있단다.

예

제가 지금은 아들이지만 언젠가는 아빠가 되는 것과 같은 건가요?

그,, 그렇지,

에다 대고 구부리면 틈이 느껴지는데 그곳이 태연이란다.

🙂 얼마나 깊이 침을 놓아야 하나요?

😊 적당適當히……. 아까 말한 것처럼 이 말은 절대 건성건성이라는 뜻이 아니고, 거기에 '마땅하게 한다'라는 뜻이야. 즉 그 상황에 맞추어서 알맞게 침을 놓으면 되는데 원혈原穴 자리는 팔목, 발목 부위라서 침이 그리 깊이 들어가지는 않지만, 합혈合穴은 팔꿈치와 무릎 근처에 있으니까 살이 많아서 침 놓기가 수월하고 어느 정도 깊게 들어갈 수가 있단다.

태연은 손목 안쪽에 있어서 0.5mm 정도밖에 들어가지 않는단다.

합혈인 '척택尺澤'은 팔꿈치 안쪽에 있는 주름의 중간을 기준으로 위쪽으로 반이 되는 부분인데 누르면 압통점이 있는 곳이란다. 일반적으로 침의 깊이는 경험을 통해서 습득하는 것이 좋을 듯싶구나. 하지만 굳이 이야기한다면 1.5cm 정도…….

🙂 예.

😊 정리해보자. 1호선의 경락이 원활하지 못하면 가슴에서부터 시작해서 겨드랑이 위쪽, 팔꿈치 안쪽 위, 손목 위쪽과 엄지손가락이 아프다.

🙂 명심하겠습니다.

② 호선- 수 (양명) 대장 경락

😊 전면이네의 아빠인 2호선 대장 경락은 손에서부터 시작된 경락이 내 몸 속의 대장이라는 장기와 연결된 지하철 노선이란다. 즉 검지에서 시작해서 머리로 가는데 머리의 코 근처에서 끝이 나지.

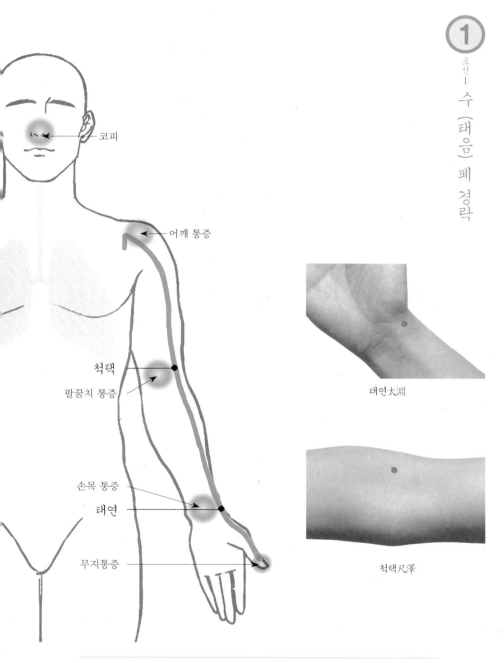

코피

어깨 통증

척택

팔꿈치 통증

태연太淵

손목 통증

태연

척택尺澤

무지통증

* 주요 병증

기관지염, 천식, 해수, 콧물, 흉부심통,
무지(拇指, 엄지손가락)통, 변비, 설사, 코 일체의 병증.

😮 그렇군요. 병증은 어떻게 되죠?

😊 검지에서 시작되니까 검지의 통증, 윗손목 바깥쪽의 통증, 바깥쪽 팔꿈치 통증, 상박근上膊筋 통증, 어깨 통증, 인후咽喉통, 치齒통, 콧병 등이 있는데 경락이 지나는 부위의 통증과 대장의 병증인 설사와 변비 등이 되겠지.

😮 원혈인 합곡合谷과 합혈인 곡지曲池의 혈자리 위치는요?

😊 합곡은 검지인 두 번째 손가락과 엄지가 만나는 곳을 취하기도 하는데, 아빠는 이렇게 찾는단다. 두 번째 손가락을 따라 손등으로 내려오다 손등의 중간을 만져보면 쏙 들어간 부위가 있는데 그곳을 누르면 압통이 있지. 그곳을 합곡으로 쓴단다. 그런데 합곡에 대해서는 여러 설이 많이 있어서 엄지와 검지가 만나는 곳을 일러 합곡부合谷府라고 부르기도 한다.

😮 버스 정류장처럼 넓게 보면서 그 근처를 사용해도 된다는 말씀이시군요?

😊 그렇지. 합혈인 곡지를 쉽게 취혈하는 방법은 팔꿈치를 굽혔을 때 주름이 끝나는 곳을 찾으면 돼. 그러나 아빠는 팔꿈치를 폈을 때, 팔꿈치 위에 뼈가 만져지는데, 그 뼈 앞쪽을 누르면 상당한 통증이 느껴지는 압통점이 있지. 그곳을 곡지로 선택한단다.

😮 그럼 혈자리 잡는 방법에 두 가지가 있는 건가요?

😊 아니. 두 가지 세 가지가 아니고 아주 다양해. 쉽게 잡는 이간易簡법을 쓰기도 하고, 아까 말한 골도법을 쓰기도 한다. 일반적으로 혈자리는 근육이 갈라진 틈이나 뼈를 기준으로 해서 뼈 밑 쏙 들어간 곳을 찾으면 거의 맞을 거야. 침을 많이 놓다 보면 경험과 요령이 쌓이게 될 게다.

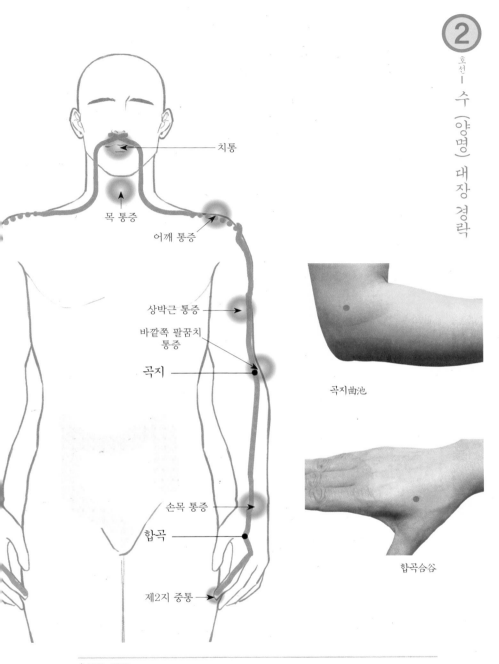

치통

목 통증

어깨 통증

상박근 통증

바깥쪽 팔꿈치
통증

곡지

손목 통증

합곡

제2지 중통

곡지曲池

합곡合谷

* 주요 병증

식지食指 운동 장애, 위 팔 앞쪽이 아픈 견전상비통肩前上臂痛,
설사, 변비, 항문은 대장의 끝이므로 항문 쪽 병증.

그리고 혈자리를 조금만 벗어나면 큰일 날 것처럼 오두방정 떨지 말고 우리가 쓰는 침은 가늘고 얇기 때문에 절대 그런 일은 없다는 것을 꼭 알아두거라.

🙂 예. 알겠습니다.

😀 명심해라. 2호선의 경락 흐름이 원활하지 못하면 두 번째 손가락 통증, 바깥쪽 윗손목 통증, 바깥 팔, 어깨, 목, 코 등이 아프다.

🙂 예.

③ 호선- 족 (양명) 위장 경락

😀 전면이네의 아들 경락인 3호선 위장 경락은 머리에서 다리로 가는 경락이 내 몸 속의 위장이라는 장기와 연결된 지하철 노선이란다.

🙂 병증은요?

😀 눈 밑에서 시작되는데 전두통前頭痛, 치통, 인후통(목이 아픈 것), 침도 못 삼키는 편도선염. 유통乳痛, 복통腹痛, 소화불량, 위장병, 소변불리, 허벅지 통증, 무릎 통증, 두 번째 발가락이 아플 때인데 이러한 병증은 위장 경락이 지나는 부위에서 일어난다는 거지.

🙂 원혈인 함곡陷谷과 합혈인 족삼리足三里는 어디에 있나요?

😀 본래 원혈은 충양인데, 충양은 침을 놓기가 애매한 부위라서 함곡을 원혈로 대신해서 쓴단다. 함곡은 두 번째와 세 번째 발가락 사이 발등 위 쏙 들어간 곳으로, 누르면 압통점이 있는 곳이란다. 족삼리는, 정강이 앞을 손가락으로 쭉 밀고 올라가다 보면 첫 번째 볼록 나온 뼈를 만나는데, 그곳에서 바깥으로 한 치(1.5 ~ 2cm) 정도 떨어진 곳에 쏙 들어간 곳이 있고 그곳을 누르면 강한 압통이 느껴지는데 그

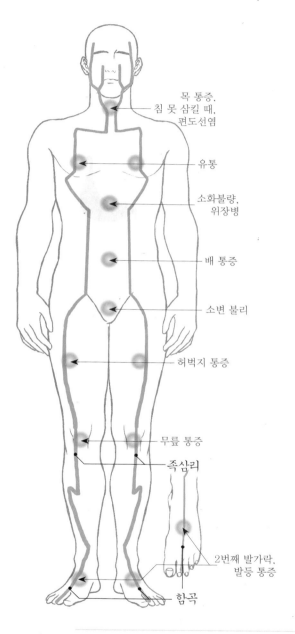

목 통증,
침 못 삼킬 때,
편도선염

유통

소화불량,
위장병

배 통증

소변 불리

허벅지 통증

무릎 통증

족삼리

2번째 발가락,
발등 통증

함곡

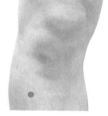

족삼리足三里

함곡陷谷

* 주요 병증

얼굴에 나타나는 병증(구안와사口眼喎斜, 코피, 입술 헐음, 목 부음), 치통, 가슴이 답답한 위
완부 통증, 입이 마르고 많이 먹는다, 소화가 너무 잘돼서 자주 배가 고프다, 애역(呃
逆, 딸꾹질), 구토, 속에서 부패한 냄새의 트림과 신물이 난다.

곳이 족삼리지. 족삼리는 항상 쓰는 상용혈常用穴이기도 하고.

🧒 상용혈이요? 항상 쓰는 혈이라고요? 왜 그런 거죠?

🧑 편안하게 생각해보자. 한 집안의 가장인 아빠가 쇠衰하시면 그 집안의 대들보는 아들이 되겠지? 전면이네의 젊은 일꾼은 아들인 3호선인데, 족삼리는 아들 경락의 대표혈이기에 항상 쓰는 상용혈이라고 설명하는 거야. 아빠식의 설명이야.

🧒 그럼 후면이네, 측면이네의 아들 경락의 대표혈도 상용혈이겠네요?

🧑 그렇지. 그래서 위중委中, 양릉천陽陵泉의 혈도 각자 그 집안의 장정들이지, 하하.

🧒 그렇군요.

🧑 그러니까 3호선의 경락 흐름이 원활하지 못하면 눈 밑이 아프고, 입 주위가 불편하면서, 앞쪽 머리가 지근지근 아프거나 목도 붓고, 침을 삼키기도 어렵게 될 수 있단다. 또한 앞쪽 가슴과 배가 불편해지면서 속이 더부룩하고, 앞쪽 허벅지, 무릎, 앞 정강이 쪽이 불편할 수도 있고, 발 쪽을 보면 발등이 붓거나, 두 번째 발가락이 아프기도 하단다.

🧒 예.

④ 호선– 족 (태음) 비장 경락

🧑 전면이 누나 경락인 4호선 비장 경락은 다리에서 시작되는 경락이 내 몸 속의 비장이라는 장기와 연결된 지하철 노선이고, 다리에서 가슴으로 올라가는 경락이지.

🧒 4호선의 병증은 어떻게 되죠?

🧑 엄지발가락 안쪽에서 시작되고 있기에 엄지발가락 통증, 복숭아뼈

가슴 통증

소화불량, 구토

생리통

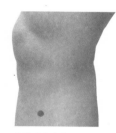

음릉천陰陵泉

무릎 안쪽 통증

음릉천

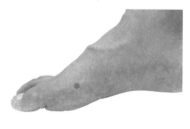

태백太白

복숭아뼈 통증

태백

무지 통증

＊ 주요 병증

배가 비대해지고 답답하다, 몸이 붓는다, 음식을 싫어하고 구토가 난다. 입맛이 없다, 설사, 기육(肌肉, 살)이 위축되고 엄지발가락 안쪽이 뭔가 이상한 느낌이 들기도 하고, 넓적다리 안쪽이 붓거나 느낌이 무겁고, 아랫배의 통증이 심하다.(생리통)

라고 지칭되는 내과첨內踝尖 근처의 발목 통증, 무릎 안쪽의 통증, 생리통, 소화 불량 등이 있는데, 4호선이 지나는 부위에서 일어난다고 볼 수 있지.

🧑 원혈인 태백太白과 합혈인 음릉천陰陵泉의 혈자리는 어디에 있나요?

🧑 태백은 엄지발가락 안쪽을 손으로 문지르면서 올라가면 첫 번째 만나는 돌출된 뼈 뒤에 쏙 들어간 부위인데, 누르면 압통을 느낄 수 있단다.

음릉천은 무릎 안쪽으로 정강이뼈를 손으로 밀고 올라가면 만나는 첫 번째 굽어지는 부위인데 누르면 압통을 느끼는 곳이지.

🧑 예.

🧑 다시 말하자면 4호선의 경락 흐름이 원활하지 못하면 엄지발가락 안쪽에서부터 정강이 안쪽과 무릎 안쪽, 고관절股關節이라 부르는 넓적다리 안쪽 및 아랫배가 아프며, 흉복부의 통증이 일어난다.

🧑 예.

후면이네 식구들 ⑤⑥⑦⑧ 호선

⑤ 호선 – 수 (소음) 심장 경락

🙂 이제 후면부로 가자. 후면이네 집안이지.

보통 집집마다 그 집안의 가풍이 있듯이 경락에서도 각기 특징이 있다는 것을 명심하렴. 전면이네는 이름 그대로 전면부, 후면이네는 후면부, 측면이네는 측면부라는 방향을 관장하고 있다는 것을 다시한 번 강조하고 싶구나.

후면부를 관장하는 후면이네의 엄마인 5호선 심장 경락은 가슴에서시작해서 손으로 가는 경락이 내 몸 속의 심장이라는 장기와 연결된지하철 노선이란다.

😮 5호선의 병증은요?

🙂 가슴의 심통, 그리고 경락이 겨드랑이를 지나므로 겨드랑이 액취증腋臭症, 팔꿈치 안쪽 아래의 통증, 손목 안쪽 아래 통증, 손바닥과 소지(새끼손가락) 통증이 있단다. 5호선이 지나는 부위의 통증이지.

😮 원혈인 신문神門과 합혈인 소해少海의 혈자리 위치는요?

🙂 1호선의 원혈인 태연과 비슷하게 왼손을 예로 들면 오른손 두 번째손가락을 세우고 왼손목의 주름선 아래쪽에다 대고 구부리면 틈을느낄 수 있단다.

다만, 왼손목 아래쪽에는 건腱이 하나 있는데, 그 건의 안쪽이 신문

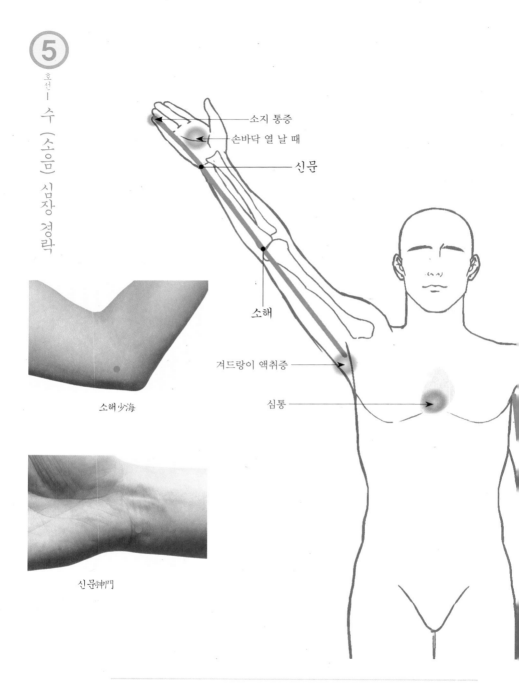

소지 통증

손바닥 열 날 때

신문

소해

겨드랑이 액취증

심통

소해少海

신문神門

＊ 주요 병증

심계(心悸, 심장이 벌렁벌렁거림), 가슴 번민(煩悶, 가슴이 답답하여 괴로움),
잘 놀람, 불면, 흉통 등.

이란다. 침을 놓을 때의 깊이는 태연과 마찬가지로 깊이 들어가지는 않겠지.

합혈인 소해는 팔꿈치 안쪽을 구부리면 안쪽에 뼈가 잡히는데, 그 뼈를 기준으로 가로로 주름이 시작되지. 팔꿈치를 다시 편 후, 그 뼈 앞 1cm 지점의 주름을 눌러보면 압통점이 있는데 그곳이 소해란다.

😃 그렇군요.

😐 5호선의 경락 흐름이 원활하지 못하면 겨드랑이 통증, 팔꿈치 안쪽 통증, 손목 아랫부분 및 손바닥과 새끼손가락이 아프다. 명심하거라.

😃 예.

⑥ 호선 – 수 (태양) 소장 경락

😐 후면이네의 아빠인 6호선 소장 경락은 손에서 시작해서 머리로 가는 경락이 내 몸 속의 소장이라는 장기와 연결된 지하철 노선이지.

😊 그런데 아빠! 질문이 있어요. 경락의 그림을 보면 지하철 노선이 견갑골肩胛骨을 지나 어깨로 해서 머리의 귀 근처로 들어가는데, 어떻게 장기인 소장과 관련이 있다는 거죠? 아까 전면이네의 장기에 관해서 말씀해주실 때부터 궁금했었어요.

😐 좋은 질문이구나. 그걸 설명하자면 기본 개념부터 설명해들어가야 하는데 그렇게 하면 네가 이해하기에 복잡해지기만 할 것 같아서 일부러 안 했더니 마침 질문을 하네.

지금까지 설명한 네 박자의 패턴으로 경락이 유주하는 것을 몸 외부로 다니는 큰 고속도로로 생각한다면, 분명 고속도로와 만나는 작은 국도나 더 작은 지방도가 고속도로와 연결이 되어 있겠지? 국도나

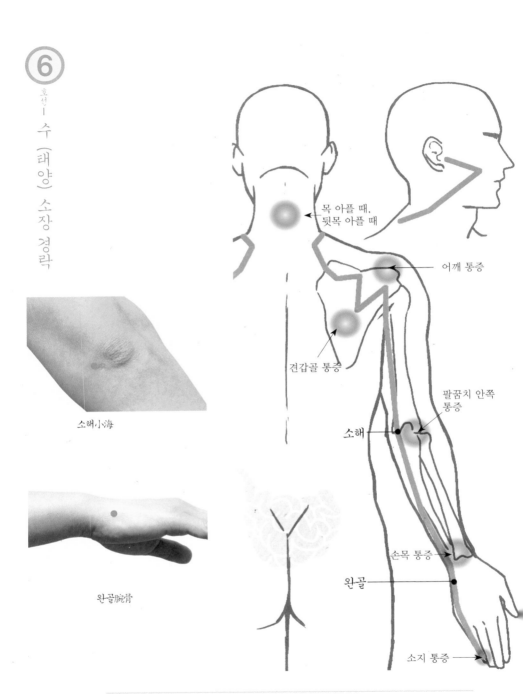

목 아플 때,
뒷목 아플 때

어깨 통증

견갑골 통증

팔꿈치 안쪽
통증

소해

손목 통증

완골

소지 통증

소해小海

완골腕骨

* **주요 병증**

목도 아프고, 귀도 아프고, 뺨이 붓고, 턱밑이 부어 고개를 돌리지도 못하고, 팔이 마
치 부러진 것처럼 아파서 들지도 못한다. 목과 턱 아래, 어깻죽지 뼈, 위팔뚝이 아프
며, 아랫배가 부풀어오는 통증.(배에서 꼬르륵 소리도 남)

지방도와 같은 작은 길을 경락에서는 지맥支脈이라고 하는데, 가슴 앞쪽에 있는 3호선인 위 경락의 결분혈缺盆穴을 통해서 내 몸 속의 장기들과 연결되어 있기 때문에, 장기의 이름을 경락에다 붙인 거란다.

🙂 예. 각 경락은 고속도로의 길로 이해하고, 그 고속도로는 작은 길로 서로 연결되어 있는데, 그 작은 길들이 각각의 장기와 연결되어 있어서, 장기의 병증이 발생하면 그 장기와 관련된 고속도로의 어느 부분에서 징조徵兆가 나타난다, 이렇게 이해하면 되겠네요?

🙂 그렇지. 그래서 전통 의술인 침뜸은 경락의 병증인 징조徵兆를 확인한 후, 그 경락에다 침이나 뜸을 놓으면 그 경락과 관련된 장기의 병증도 다룰 수 있다고 여긴단다.

그래서 고속도로를 경맥經脈이라고 하고 고속도로와 만나는 작은 길을 지맥支脈이라고 한단다.

🙂 큰길과 작은 길의 연결이군요.

🙂 그렇지. 하지만 아빠는 네게 큰길의 개념인 경락만을 가르치는 중이야. 하지만 그 경락들은 곧 작은 지맥을 통해서 내 몸 속의 장기들과 연결되어 있다는 것을 잊지 말아라.

🙂 예. 그럼 6호선의 병증은 어떤 것이죠?

🙂 새끼손가락의 바깥에서부터 6호선의 경락은 시작되니까 새끼손가락의 통증, 손목 아래쪽의 통증, 팔꿈치의 통증, 어깨와 견갑골을 지나므로 어깨 통증, 목과 안면의 통증도 소장 경락의 병증으로 생각할 수 있겠구나.

🙂 원혈인 완골腕骨과 합혈인 소해小海의 혈자리는 어디죠?

🙂 완골은 손을 당수(唐手, 손날로 치기)하듯이 세운 후, 손날을 손목 쪽으로 밀고 가다 보면 뼈가 만져지는데, 그 뼈를 넘어 쏙 들어간 곳을 누

르면 압통점이 느껴지는 곳이 완골이란다. 소해는 5호선의 소해와 한문으로 구분해야 하는데, 5호선 소해의 소는 적을 소少이고, 6호선 소해의 소는 작을 소小란다. 6호선 소해는 팔꿈치를 접으면 안쪽에 잡히는 뼈와 팔꿈치 끝인 주첨肘尖과의 중간 부분이란다.

🙂 예.

🙂 6호선의 경락 흐름이 원활하지 못하면 새끼손가락과 팔목의 아랫부분 통증, 팔꿈치 통증, 어깻죽지 뼈 근처에 통증이 있고, 목과 빰, 귀가 아프다.

🙂 알겠습니다.

⑦호선 – 족 (태양) 방광 경락

🙂 후면이네의 아들 경락인 7호선 방광 경락은 다리로 가는 경락이내 몸 속의 방광이라는 장기와 연결된 지하철 노선이지. 머리부터 시작해서 등을 지나는 경락인데, 7호선의 등만을 가지고서도 병의 진단과 치유를 할 수 있는 아주 중요한 경락이란다.

🙂 7호선의 병증에는 어떤 것이 있나요?

🙂 머리에서 시작한 경락은 뒷머리로 지나가기에 후두통과 등과 허리의 통증, 엉덩이가 아픈 것, 뒷종아리 통증, 발뒤꿈치 통증 및 새끼발가락의 통증이 7호선의 병증이 될 수 있겠지.

🙂 원혈인 경골京骨과 합혈인 위중委中혈은 어디에 있나요?

🙂 새끼발가락에서 바깥쪽을 따라 손가락으로 밀고 올라가다 보면 만나게 되는 뼈가 있는데, 그 뼈 뒤에 쏙 들어간 부분을 누르면 압통점이 있는 곳이 경골이란다.

뒷머리 두통,
어지러움

눈 통증

등 통증

허리 통증

엉덩이 통증

위중

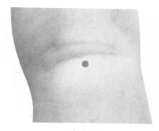

위중委中

새끼 발가락 통증

경골

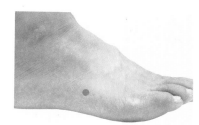

경골京骨

뒤꿈치 통증

* 주요 병증

빈뇨(頻尿, 오줌이 자주 마려움), 소변시에 통증이 생기는 등 오줌과 관련된 증상.

위중은 무릎 뒤 오금의 중간에 있지. 오금에는 주름선이 있는데, 일반적으로 주름선 중간을 위중으로 쓰지만, 아빠는 오금의 주름선 중앙에서 아래쪽으로 1cm 정도 내려온 곳을 위중혈로 사용한단다.

왜요?

오금 중앙에는 신경다발이 지나간다고 하니까, 굳이 그곳을 쓰기보다는 피해서 쓰는데, 그렇게 사용해도 효과는 같은 것 같더구나.

알겠습니다. 저도 그렇게 하죠.

자, 정리하자면 7호선의 경락 흐름이 원활하지 못하면 눈이 빠지듯 쑤시고, 뒷머리가 무겁고, 뒷덜미가 당긴다. 그리고 등뼈와 등줄기, 허리가 쑤시고 아프며, 고관절股關節 뒤쪽이 아프고 오금이 뭉쳐 무릎이 잘 굽혀지지 않고, 장딴지가 뒤틀려 터지듯이 아플 수도 있다. 또 바깥쪽 복사뼈 부위도 아프면서 새끼발가락이 아프다.

예.

⑧ 호선 – 족 (소음) 신장 경락

후면이 누나인 8호선 신장 경락은 다리에서 시작된 경락이 내 몸 속의 신장이라는 장기와 연결된 지하철 노선으로 다리에서 가슴으로 올라가는 경락이란다.

8호선의 병증은요?

발바닥에서 경락이 시작되기에 발바닥 통증, 발목 안쪽 통증, 종아리 안쪽 통증, 무릎 안쪽 통증, 허벅지 안쪽의 통증, 생리통, 하복부 통증, 가슴 통증이 8호선이 지나는 부위에서 발생되는 병증이란다.

원혈인 태계太谿와 합혈인 음곡陰谷의 혈자리는 어디에 있나요?

가슴 통증

아랫배 통증

생리통.
고환 통증

허벅지 안쪽 통증

하음곡

종아리 안쪽 통증

태계

발목 안쪽 통증

발바닥 통증

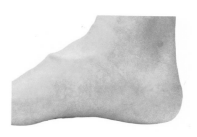

하음곡下陰谷

태계太谿

---

* 주요 병증

일찍 노쇠(생명의 근원적인 에너지는 신장 경락에서 다루기 때문), 모발 빠짐, 생장발육 부진, 뼈
가 아픔, 남자는 정精이 적고 잘 만들어지지 않음(정력이 약함), 여자는 폐경에 불임증.

😊 태계는 발목 안쪽에 있는 복숭아뼈 뒤쪽과 아킬레스건 사이의 중간에 쏙 들어간 곳이란다. 그곳 역시 누르면 통증이 느껴지는 압통점이지. 음곡은 뒷오금 주름선 안쪽으로 건이 두 개 있는데, 건과 건 사이가 음곡이지. 하지만 아빠는 음곡에서 아래로 1~2cm 정도 아래로 내려와서 손으로 조금 눌러 보면 딱딱하게 만져지는 부분이 있는데, 그곳을 음곡을 대신해 하음곡下陰谷으로 사용하고 있단다.

😊 왜요?

😊 그렇게 선생님께 배웠고, 실질적으로 침을 놓기에도 오금의 주름 사이 건과 건을 놓는 것보다도 살로 된 장딴지가 놓기도 쉽더구나.
그리고 몸이 안 좋은 사람을 보면 하음곡이 많이 굳어 있어요. 그래서 하음곡을 많이 쓰고 있단다.

😊 그렇군요.

😊 8호선의 경락 흐름이 원활하지 못하면 발바닥에 문제가 있고, 발이 시리거나 저리고 힘도 없고 허벅지 내측 부분이 아프다. 또 아랫배의 생리통이나 하복부의 통증과도 관련이 있다는 것을 명심해라.

😊 예. 알겠습니다.

측면이네 식구들 ⑨⑩⑪⑫ 호선

⑨ 호선— 수 (궐음) 심포 경락

🙂 이제 경락 유주가 측면부로 시작되는 측면이네로 왔구나. 이야기에 앞서 아빠가 네게 동양학의 새로운 개념을 설명해야 될 것 같다.

😊 그게 무슨 말씀이세요?

🙂 심포心包, 삼초三焦의 개념을 이야기하지 않고 넘어갈 수는 없다는 얘기지.

심포와 삼초에 대해 동양 의학에서는 '유명이무형有名而無形 혹은 무형이유용無形而有用'이라고 한단다.

😊 네? 정말 어려워지는데요? 그건 도대체 무슨 뜻인가요?

🙂 '이름은 있되 형상은 없다', '형상은 없되 쓰임은 있다'라는 뜻인데, 예를 들면 위장, 대장, 소장 등은 장기라는 형태로 내 몸 속에서 경락과 연결되어 있기 때문에, 이름도 있고 형상도 있고有名而有形 혹은 형상도 있고 쓰임도 있다有形而有用라고 설명할 수가 있지. 그런데 심포와 삼초는 형상은 없지만 쓰임은 있다고 해서, 경락과 연결된 형이상학적形而上學的 개념으로 설명하려니까 너한테 쉽지는 않겠구나.

😊 그러게요. 무슨 말씀이신지 전혀 감이 안 와요. 그러니까 '심포'나 '삼초三焦'라는 장기는 없다. 그런데 그런 경락 이름을 쓴다, 그리고 그 쓰임새도 있다, 뭐 그런 뜻이라는 건가요? 말이 안 되는 것 같아요.

그럼 이렇게 설명해보자.

나라의 왕王이 계시단다. 모든 일을 하나부터 열까지 왕 혼자서 다 할 수는 없잖니? 그래서 왕을 대신하는 재상宰相을 둔다면 재상은 나라의 실무를 처리할 수 있겠지? 그러면 왕의 입장에서는 큰 안목을 가지고 통치 노선을 세우면 될 것이고, 그것을 실행할 때는 재상이 나서게 하면 효율적인 통치가 되지 않을까? 이런 이치를 동양 의술에서는 사람 몸에다 그대로 적용시켰지.

어떻게요?

몸에서는 심장心臟을 왕王인 군주君主로 보고, 심장을 대신하는 심포心包를 둠으로써 심포가 재상宰相의 역할을 하게 하고, 실질적으로 심장병을 다스릴 때도 심포 경락의 혈들을 많이 사용하고 있단다. 그리고 삼초三焦는 심포의 짝으로서 체간體幹 즉 몸통을 '수 3의 관점'으로 상, 중, 하로 구분해서 보면서 몸의 전체를 치유할 수 있는 개념으로 보는 거란다. 쉽게 보자면 삼초 경락을 다스림으로 해서

삼초는 심포의 짝으로서, 몸통의 상, 중, 하를 따뜻하게 돌려준다.

내 몸통의 상, 중, 하를 따뜻하게 돌려준다고 생각하면 될 듯 싶구나.

지금까지 설명해주신 것처럼 아빠 식으로 쉽게 얘기해주실 수는 없을까요?

이런 부분을 동양 의술의 단점으로 보지 말고 특징特徵으로 이해하면 어떨까? 동양 의술의 특징을 이해하는 가장 좋은

방법 중의 하나가 내가 살아온 삶 속에서 내 몸이 아픈 이유를 찾는 것이란다. 즉 내 몸이 아프게 된 것은 내 몸 속에 있는 장기의 고장 때문이 아니라 내 생활 환경과 방식의 부조화 때문이라고 생각하는 거야. 심포 삼초도 그렇게 이해해야 될 듯싶구나.

그래도 어려워요.

어렵기는 뭐가 어렵냐? 뱃속 편하게 욕심 부리지 말고 적당^{適當}히 살아가면 몸은 덜 아플 것이고, 그렇지 못하면 아프다는 건데…….
침돌아, 너 혹시 이런 말 들어봤니? '심포가 고약하다.'

들어봤죠. 남 잘되는 게 싫어서 훼방놓을 때 쓰는 말 아닌가요? 놀부 같은 사람한테…….

그렇지. 그 심포가 심포 경락의 심포란다. 그렇게 심포는 장기^{臟器}라는 형태로 존재하지는 않지만 기능은 심장을 대신하고 있다는 얘기지. 너도 네 친구가 잘되면 칭찬해주고 그래야지 안되는 쪽으로 심포

를 쓰면 심포가 고약해져서 의술 쪽에서 보자면 병이 날 수도 있다는 것을 명심하거라, 하하.

친구가 잘되면 칭찬해주어야지 나쁜 쪽으로 심포를 쓰지 말자!

알겠습니다. 그럼 이제 심포 경락에 대해 설명해주세요.

측면부를 흐르는 측면이네의 엄마인 9호선 심포 경락은 손으로 가는 경락이 내 몸 속의 심포라는 장기와 연결된 지하철 노선으로 가슴에서 시작해 세 번째 손가락에서 끝나게 된단다.

9호선의 병증은요?

가슴 통증, 팔꿈치 중간 부분의 통증, 손목 가운데의 통증 및 손바닥이 아프다거나 가운데 손가락의 통증을 말할 수 있겠지.

원혈인 대릉大陵과 합혈인 곡택曲澤은 어디에 위치해 있나요?

대릉은 손목의 중간쯤에 있는데 왼손을 예로 들면 오른손의 두 번째 손가락을 세워서 왼손목의 중간쯤에 대고 구부리면 틈새를 느끼게 되는데, 그 틈새가 대릉이란다. 또한 대릉은 손목 중앙에 있는 건腱과 건 사이에 있다고 생각하는 것도 혈을 잡는 데 좋은 정보가 될 수 있겠구나.

곡택은 팔꿈치를 반 정도 굽히면 팔꿈치 가운데에 건(힘줄)이 있는데, 그 건의 우측 너머에 있는 것이 곡택이란다.

그렇군요.

9호선의 경락 흐름이 원활하지 못하면 겨드랑이가 붓고, 팔꿈치 가

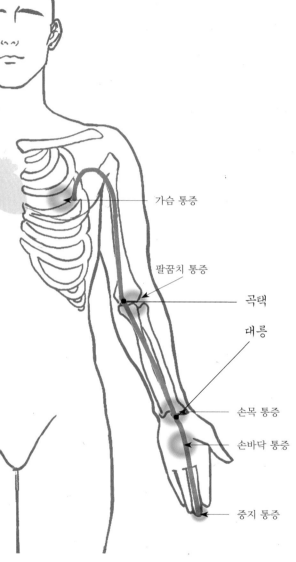

가슴 통증

팔꿈치 통증

곡택

대릉

손목 통증

손바닥 통증

중지 통증

대릉大陵

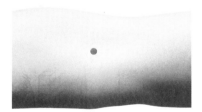

곡택曲澤

*주요 병증

겨드랑이가 붓고, 가슴 통증, 팔꿈치 중간 부분의 통증, 손목 통증이 있으며, 손바닥
이 아프다.

운데 부분이 불편하고, 손목의 가운데 부분 및 손바닥이 뜨거우면서 가운데 손가락의 문제가 발생될 수도 있단다.

예, 명심하겠습니다.

⑩ 호선 – 수 (소양) 삼초 경락

측면이네의 아빠인 10호선 삼초 경락은 네 번째 손가락에서 시작된 경락이 내 몸 속의 삼초라는 장기와 연결된 지하철 노선으로서, 손에서 머리로 흐르는 경락이란다.

10호선의 병증은 어떻게 되죠?

약지 통증, 바깥쪽 손목 가운데 부분의 통증, 팔꿈치 통증, 어깨 통증, 목과 귀의 통증 등은 경락이 지나는 부위에서 발생되는 병증이란다. 약지는 네 번째 손가락을 말하는데, 옛날에 한약을 저을 때 네 번째 손가락으로 저었기 때문에 이런 이름이 붙었다는구나.

그렇군요. 원혈인 양지陽池와 합혈인 천정天井은 어디에 있나요?

양지는 바깥쪽 손목 가로의 주름선과 약지에서부터 손으로 쭉 밀고 오면 만나는 부분에 움푹 패인 곳이란다. 손목 주위이기 때문에 침은 깊게 놓을 수가 없겠지.
천정은 팔을 굽혔을 때 팔꿈치 뼈尖가 만져지는데 그곳에서 위로 1~2cm 정도 밀어보면 쏙 들어간 부분이 천정혈이란다.

예.

그러니까 10호선의 경락 흐름이 원활하지 못하면 넷째 손가락의 움직임이 불편하고 측면부의 손목, 팔꿈치, 어깨, 목, 귀 뒤쪽이 편하지 못하면서 이명이 생기거나 눈 바깥쪽이 아프단다.

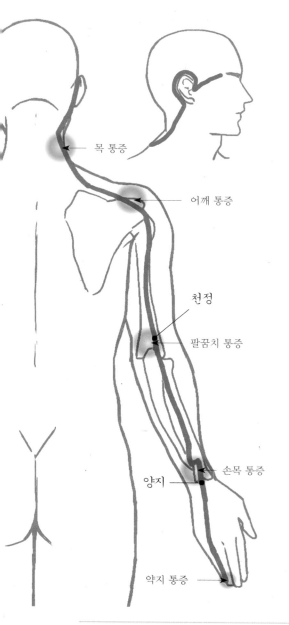

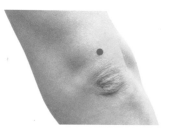

천정天井

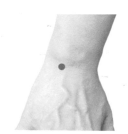

양지陽池

목 통증

어깨 통증

천정

팔꿈치 통증

손목 통증

양지

약지 통증

---

* 주요 병증

목과 얼굴, 빰이 붓고 아프며, 눈 바깥쪽이 아프고, 이명 및 귀가 안 들리고, 귀 뒤에
서부터 어깨, 위팔, 팔꿈치 및 넷째 손가락이 아프다.

😊 명심하겠습니다.

⑪ 호선 – 족 (소양) 담 경락

😊 측면이네의 아들인 11호선 담 경락은 머리에서 시작하여 다리로 가는 경락인데 내 몸 속의 담이라는 장기와 연결된 지하철 노선이란다.

😊 11호선의 병증은 무엇인가요?

😊 측두통이 대표적이겠지만 눈과 귓가의 병증, 옆구리 통증, 측면부 둔부 통증, 발목 통증, 네 번째 발가락의 문제 등이 있지.

😊 원혈인 구허 丘墟와 합혈인 양릉천 陽陵泉은 어디에 있나요?

😊 구허는 바깥쪽 복사뼈 앞쪽의 수직선과 아래쪽의 수평선이 만나는 지점인데, 손으로 만지면 쏙 들어간 부위이지. 무릎을 기준으로 보았을 때 옆쪽으로 손바닥을 쓱 문지르면 작은 뼈가 만져지는데 이것이 비골두 腓骨頭란다. 이 뼈 앞이나 밑을 눌렀을 때 느껴지는 압통점이 양릉천인데 아빠는 비골두 아래를 많이 쓰고 있지.

😊 예, 그렇군요.

😊 11호선의 경락 흐름이 원활하지 못하면 옆머리와 눈꼬리도 아프고 귀도 안 좋고, 옆가슴과 옆구리가 아파서 몸을 돌리지도 못하고, 넓적다리 외측 外側과 함께 종아리 측면이 아프며, 바깥 복사뼈가 쑤시는 통증이 있어. 또 네 번째 발가락이 아플 수도 있고.

😊 예, 모든 아픈 부위가 경락이 지나는 부위네요.

😊 그렇지.

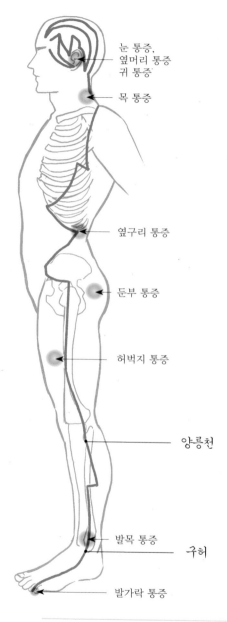

눈 통증,
옆머리 통증
귀 통증

목 통증

옆구리 통증

둔부 통증

허벅지 통증

양릉천

발목 통증   구허

발가락 통증

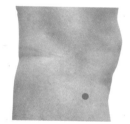

양릉천陽陵泉

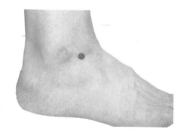

구허丘墟

* 주요 병증

옆머리 통증, 겨드랑이 통증, 가슴과 옆구리 통증, 허벅지 바깥쪽 통증, 종아리 측면
통증, 바깥 복사뼈 통증, 넷째 발가락 통증.

⑫ 호선 – 족 (궐음) 간 경락

😊 측면이 누나인 12호선 간 경락은 다리에서 시작해 가슴으로 가는 경락인데 내 몸 속의 간 장기와 연결된 지하철 노선이란다.

😮 간 경락의 병증은 어떻게 되죠?

😊 엄지발가락의 안쪽은 4호선의 출발점이 되고, 엄지발가락의 바깥쪽은 12호선이 출발점이 된다는 것을 기억해두렴.

침돌아! 만일 엄지발가락이 아프면 너는 몇 호선의 경락을 선택하겠니?

😀 저는 4호선과 12호선의 대표혈들을 다 쓸 것 같은데요.

😊 가르친 보람이 있구나. 물론 하나의 경락만을 사용해도 되겠지만, 두 개의 경락을 함께 선택해서 혈자리를 쓰는 것도 가능할 수 있겠지. 그렇게 고정된 생각이 아닌 다양한 생각으로 경락을 접근하면 되는 거다. '생각의 전환'과 '관점의 다양성'……

아무튼 엄지발가락 통증, 발등 통증, 무릎 안쪽 통증, 사타구니 통증, 측면부 흉통 등이 되겠지. 경락이 지나는 부위에서 나타나는 병증은 그 경락을 선택해야 되는 거란다.

😀 예. 원혈인 태충太衝과 합혈인 곡천曲泉은 어디에 위치해 있나요?

😊 태충은 첫 번째 엄지발가락과 두 번째 발가락 사이를 손으로 쭉 밀고 올라가면 쏙 들어가는 부위가 있는데 그곳을 말한단다. 누르면 압통이 강하지.

곡천은 무릎을 책상다리하듯이 굽히면 오금주름의 끝이 나타나지. 오금 주름의 끝에 손을 대고 무릎을 편 지점이 곡천이란다. 침을 놓을 때는 옆으로 놓아야 하겠지.

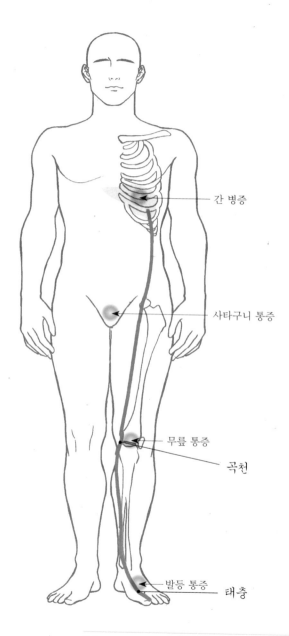

간 병증

사타구니 통증

무릎 통증

곡천

발등 통증 　태충

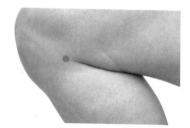

곡천曲泉

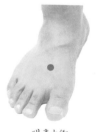

태충太衝

* 주요 병증

　엄지발가락 통증, 넓적다리 안쪽 통증, 생식기 통증, 옆구리 통증.

🙂 예.

😊 기억해라. 12호선의 경락 흐름이 원활하지 못하면 엄지발가락이 아프고, 무릎 안쪽 통증, 생식기 병증, 옆구리 통증이 나타난단다.

🙂 명심할게요.

😊 지금까지 1호선부터 12호선까지의 경락 유주와 병증, 원혈과 합혈의 위치에 대해 공부하느라 고생 많았다. 각각의 경락 흐름을 알고, 그곳에 병증이 나타나면 그 경락의 대표혈과 인근에 있는 같은 경락의 혈자리를 사용하면 병증의 증세는 완화시킬 수 있단다.

거듭 말하지만 모든 병을 침과 뜸으로 잡을 수는 없단다. 하지만 병증 초기에 이러한 경락의 이치와 침을 사용하는 방법을 알고 행한다면 건강健康을 유지할 수 있을 거야.

세상살이에 완벽함이란 있을 수 없는 것이란다. 내 몸도 살아가는 동안에 아프지 않을 수가 없지. 모든 현실을 긍정적으로 수용한 후, '변화의 수'를 찾는 것이 현명한 지혜란다.

즉 '수용 후 변화'지. 몸이 아픈 징조가 나타나면 빨리 몸의 이상을 수용한 후 침뜸으로 변화의 수를 찾아야 한다.

침뜸의 경락 흐름은 일정한 패턴으로 반복적으로 흐르기 때문에, 그 이치만 알면 침뜸술은 누구나 쉽게 쓸 수 있는 대중 의술大衆醫術이 될 수 있지. 이 위험하지 않고 아프지 않고 누구나 할 수 있는 기술技術을 약에 비유해보면 소화제나 진통제 같은 '일반의약품'으로 생각할 수 있지 않겠니?

🙂 무슨 말씀이세요?

😊 모든 약은 약국에서만 팔게 했었는데, 몇 해 전부터는 의약품 중 안전성에 문제가 없는 것으로 인정된 일부 품목을 '일반의약품'으로

지정해서 누구나 쉽게 편의점에서 처방없이 살 수 있게 되었단다. 다행이 소쿠리 뜸 같은 간접구間接灸는 법원에서 의료 행위가 아니라고 판결을 내렸지만, 침만은 아직까지도 설왕설래說往說來하는구나. 침뜸은 우리 문화의 한 부분인데……. 이러다간 외국 사람들한테 다 뺏기지 않을까 싶기도 하고…….

아무튼 침뜸은 학學이 아닌 술術로 접근하면 연습만이 술術을 늘릴 수 있는 것이니까 연습을 많이 하렴…….

🙂 예, 알겠어요.

서로 돕는 경락

경락 간의
관계, 누가
누구를 도울 수
있을까?

1호선부터 12호선까지의 지하철 노선에는
각 노선끼리를 연결해주는 환승역이 있듯이,
각 경락에는 경락끼리 옆으로 이어 주는 낙혈絡穴이 하나씩 있단다.
그 낙혈을 사용하면 엄마는 아빠를 혹은 아빠는 엄마를 도와줄 수가 있겠지.

 아빠! 엄마 경락과 아빠 경락이 서로 만나서 도와줄 수는 없나요?
그리고 누나 경락과 남동생 경락도 서로 만나서 함께 도울 수는 없
나요?

 당연히 할 수 있지. 앞서 말한 것처럼 엄마가 아프면 먼저 엄마 스스
로 나을 수 있도록 해야 되겠지만, 더불어 아빠의 도움이 있다면 엄
마는 좀 더 빨리 완쾌될 수 있단다.
그리고 남동생이 아프면 남동생 스스로 나으려고 해야겠지만 누나
의 도움이 있다면 더 쉽게 동생의 병을 치유할 수 있을 거고.

 맞아요. 그런 방법을 가르쳐주세요.

부부와 남매의 만남 – 낙혈

 알았다. 경經과 경經을 이어주는 것이 락絡이라고 말했었다. 즉 집을

지을 때 기둥을 '경經'이라고 보고, 기둥끼리 이어주는 대들보를 락絡이라고 생각하면 될 듯싶구나.

1호선부터 12호선까지의 지하철 노선에는 각 노선끼리를 연결해주는 환승역이 있듯이, 각 경락에는 경락끼리 옆으로 이어주는 낙혈絡穴이 하나씩 있단다. 그 낙혈을 사용하면 엄마는 아빠를 혹은 아빠는 엄마를 도와줄 수가 있겠지. 앞서 배웠던 대표혈들을 함께 사용하면서…….

침돌아! 혈자리를 선택할 때 이 혈은 되고 저 혈은 안 된다는 생각은 절대 하지 마라.

네가 판단하고 선택해서 사용하면 되는 거거든. 아빠는 혈자리의 특징인 혈성穴性보다는 경락 간의 음양 관계를 더 중요하게 생각한단다.

🧒 경락 간의 음양 관계는 뭔가요?

😊 예를 들면 전면이네의 1호선인 엄마 경락이 아프면 도와주는 경락으로 2호선인 아빠 경락을 선택할 수도 있고, 혹은 4호선인 딸 경락을

경락 간의 관계, 누가 누구를 도울 수 있을까?

선택하면 엄마를 도와줄 수도 있다고 생각하는 것이 '경락 간의 관계'라고 말할 수 있지.

그런데 많은 사람들은 '경락 간의 음양 관계'를 고려하지 않고, 오로지 혈성만을 외워서 쓰려 하는데, 그렇게 되면 침술은 어려워지지 않을까 싶구나.

침술은 '경락 간의 관계'만 알면 쉽게 쓸 수 있는데 말이야.

😊 '경락 간의 관계'를 파악한 후, 그 경락에 있는 혈들을 선택해서 사용해야 한다, 이런 말씀이시죠?

😊 그렇지. 지금부터 전면이네, 후면이네, 측면이네의 엄마 아빠와 남매들을 이어주는 낙혈들을 배워볼까나?

😊 예, 가르쳐주세요.

😊 열두 개의 지하철인 각 경락들의 진행 방향과 경락이 지나는 부위에서 병증이 발생되면 그 경락의 대표혈과 인근혈을 사용하는 방법에 대해서 앞서 배웠지?

그런데 각 경락에는 대표혈을 뺀 나머지 혈들 중에서 전면이네의 1호선인 엄마 경락에서 2호선인 아빠 경락으로 혹은 2호선인 아빠 경락에서 1호선인 엄마 경락으로 서로 이어주는 혈이 있는데 이것을 낙혈이라고 한단다.

😊 그럼 3호선인 아들 경락과 4호선인 딸 경락도 같은 이치겠군요?

😊 그렇다마다. 그리고 후면이네, 측면이네도 똑같이 낙혈이 있지. 즉 낙혈은 부부끼리, 남매끼리만 이어주는 혈이란다.

😊 그럼 1호선인 엄마 경락과 4호선인 딸 경락 혹은 2호선인 아빠 경락

과 3호선인 아들 경락 사이에는 낙혈이 없다는 말씀이세요?

🙂 그렇단다. 너의 이해를 돕기 위해서 낙혈의 위치와 함께 앞서 배웠던 전면이네 1호선인 엄마 경락과 2호선인 아빠 경락의 경락 유주와 병증 그림을 함께 사용해서 설명해줄게. 그리고 입문할 때에는 반복 학습이 최고이니 보고 또 보면서 익히렴.

🙂 알겠습니다.

전면이네 식구들의 낙혈 ①②③④호선

🙂 전면부를 흐르는 전면이네의 1호선 엄마 경락(폐 경락)의 낙혈은 열결列缺이란다. 열결혈의 위치는 원혈인 태연혈 뒤쪽 1.5cm 정도 위쪽에 뼈가 있는데, 그 뼈 위에 근육과 근육이 갈라진 느낌이 드는 곳이란다. 아니면 쉽게 취혈하는 방법으로 좌우 엄지를 교차시켰을 때 두 번째 손가락 끝이 닿는 부분을 열결로 쓰기도 하지.

🙂 전면이네 2호선 아빠 경락(대장 경락)의 낙혈은 무엇이죠?

🙂 2호선 대장 경락의 낙혈은 편력偏歷이란다. 편력의 혈자리는 엄지손가락을 위로 쭉 펴면 손목 근처에 쏙 들어간 오

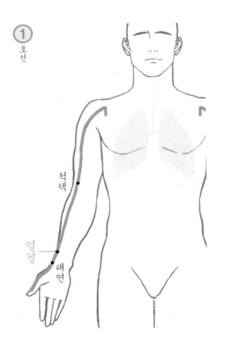

①
호선

척택

열결

태연

목한 곳이 있는데, 그곳을 양계陽谿혈이라고 하지. 양계혈과 곡지혈 사이를 마음의 눈으로 일직선을 긋고 양계로부터 4분의 1이 되는 지점의 근육이 갈라진 듯한 느낌이 드는 곳이 편력이란다.

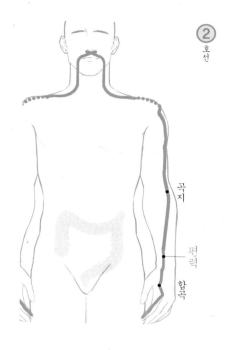

② 호선

곡지

편력

합곡

🧑 그럼 전면이네 3호선 아들 경락(위 경락)의 낙혈은 무엇이죠?

😊 위 경락의 낙혈은 풍륭豊隆이란다. 낙혈을 찾기 위해서는 앞에서도 잠깐 말한 것처럼 다른 혈자리를 기준으로 삼아서 찾는 것이 좋은데 네가 혈자리를 공부하는 데 오히려 더욱 복잡하게 만드는 것은 아닌지 걱정스럽구나.

🧑 아니에요. 오히려 몇 개의 혈자리를 더 알게 되어서 저는 좋아요.

😊 그래. 그럼 아빠도 좋고. 언젠가는 너도 혈자리 360개를 알아야 하는데, 그렇게 얘기하니 낙혈을 취혈取穴할 때 기준점이 되는 다른 혈들도 조금씩 얘기하마.

🧑 예, 그렇게 해주세요.

😊 무릎을 쭉 펴면 무릎뼈 밑에 바깥쪽으로 쏙 들어간 곳이 있는데 이곳이 독비혈犢鼻穴이 된단다. 그리고 앞 발등을 아래로 쭉 펴면 앞 발목관절 중간쯤에 건과 건 사이에 쏙 들어간 곳이 해계혈解谿穴이되는데, 독비와 해계를 마음의 눈으로 선을 긋고 그 중간 지점을 짚

으면 조구혈條口穴이 된단다. 조구 뒤 2cm 정도가 풍륭혈이란다. 그
림으로 보면 쉽게 이해할 수가 있을 거야.

전면이네 4호선 딸 경락(비장 경락)의 낙혈은요?

비장 경락의 낙혈은 공손公孫이란다.

엄지발가락 안쪽으로 손으로 쭉 밀고 가면 만나는 첫 번째 뼈 뒤가
원혈인 태백이고, 태백에서 뒤로 쭉 밀고 가노라면 만나는 뼈가 있
는데 그 뼈 앞쪽을 누르면 압통점이 생기게 된단다. 그 압통점이 공
손인데, 태백에서 후방으로 2cm 정도 되는 곳이기도 하지.

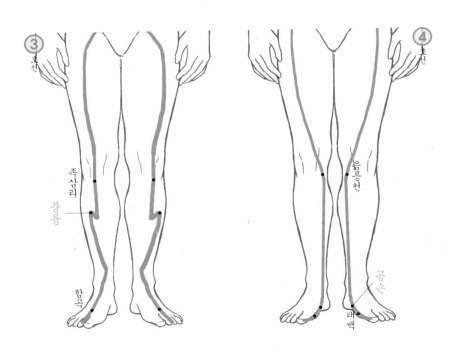

후면이네 식구들의 낙혈 ⑤⑥⑦⑧호선

😀 후면이네 식구들의 낙혈도 알려주세요.

😀 후면이네의 5호선 엄마 경락(심장 경락)의 낙혈은 통리通里인데, 원혈인 신문 후방 2cm 정도 되는 곳에 있단다.

😊 후면이네 6호선인 아빠 경락(소장 경락)의 낙혈은 무엇이죠?

😀 소장 경락의 낙혈은 지정支正이란다. 원혈인 완골에서 손목 쪽으로 1~2cm 정도 밀어올리면 손목 부근에 쏙 들어간 곳이 있는데, 그곳이 양곡혈陽谷穴이란다. 양곡과 소장경의 합혈인 소해를 마음의 눈으로 선을 긋고, 그 중간에서 아래로 2cm 정도 되는 곳으로 뼈 위에 있으며 혹은 양곡으로부터 위쪽으로 5촌 되는 곳을 쓰기도 한단다.

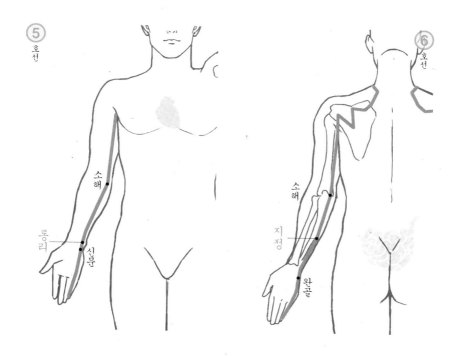

후면이네 7호선 아들 경락(방광 경락)의 낙혈은 무엇이죠?

방광경의 낙혈은 비양飛揚이란다. 비양은 종아리에 있는데, 우선은 바깥쪽 복숭아뼈와 아킬레스건 사이에 있는 곤륜혈崑崙穴을 잡아야 한다. 그리고 오금의 주름선 바깥쪽 끝에 있는 혈이 위양委陽인데, 위양과 곤륜을 마음의 눈으로 선을 긋고 중간에서 아래로 2cm인 곳이 비양이란다. 또 다른 방법으로는 곤륜에서 손가락을 밀어 올라가면 장딴지 외측에 볼록한 곳에 부딪치는 느낌이 있는데 그곳을 비양으로 취혈해도 될 듯싶구나.(곤륜 위 7촌)

아빠! 이번에는 후면이네 8호선 딸 경락(신장 경락)의 낙혈에 대해서 말씀해주세요.

신장 경락의 낙혈은 대종大鐘인데, 대종은 원혈인 태계에서 밑으로

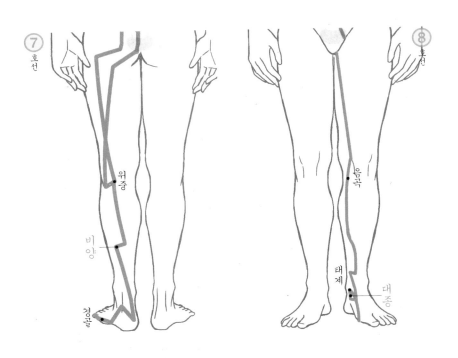

1cm쯤 약간 쏙 들어간 느낌이 있는 곳인데 누르면 압통점이 있는 곳이지.

측면이네 식구들의 낙혈⑨⑩⑪⑫호선

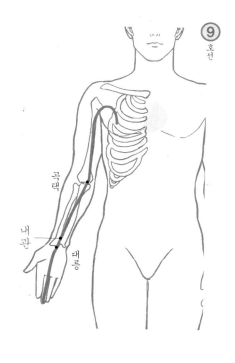

😀 지금부터는 측면이네 식구들의 낙혈이네요, 측면이네의 9호선 엄마 경락(심포 경락)의 낙혈은 무엇이죠?

😊 심포 경락의 낙혈은 내관內關인데, 참 많이 쓰는 상용혈常用穴 중 하나지.

그런데 조금 조심해야 되는 혈이기도 하고.

😠 위험해서인가요?

😊 아니지. 앞서 얘기했던 것처럼 우리가 쓰는 침은 가늘어서 아프지 않고, 위험하지 않고, 특

정인만 놓을 수 있는 게 아니라 누구나 쉽게 배워 쓸 수 있는 거란다.

😠 그런데 내관혈을 쓸 때는 왜 조심해야 하는 거죠?

😊 내관혈은 자극이 조금 셀 수 있기 때문이야. 그러니까 침을 놓을 때는 후순위로 쓰는 게 좋단다. 다시 말하면 족삼리나 양릉천을 통해서 어느 정도 침에 대한 느낌이 익숙해진 후에 내관혈을 쓰는 것도 하나의 요령이지.

아, 그렇군요.

내관혈은 심포 경락의 원혈인 대릉과 합혈인 곡택을 마음의 눈으로 선을 그은 후, 대릉에서 6분의 1 되는 지점인데, 또 다른 취혈법으로는 대릉 위 2촌이 되는 건과 건 사이란다.

측면이네의 10호선 아빠 경락(삼초 경락)의 낙혈은 무엇이죠?

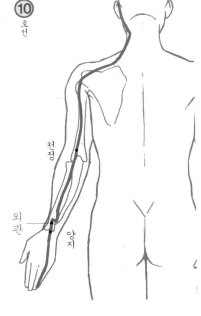

삼초 경락의 낙혈은 외관外關인데, 원혈인 양지혈과 팔꿈치 끝인 주첨肘尖을 마음의 눈으로 선을 긋고 6분의 1 인 지점의 뼈와 뼈 사이란다. 누르면 압통점이 있지. 혹은 양지혈에서 위로 2촌 되는 곳이지.

내관혈의 반대 방향이라고 볼 수도 있겠네요?

그렇게 볼 수도 있단다. 그래서 예전에는 내관에서 외관으로 관통貫通도 시켰다는데, 아빠는 해본 적도 없지만 해볼 생각도 없단다. 아무튼 서로 연관이 깊은 것은 사실인 것 같구나.

그럼 다음으로 측면이네의 11호선 아들 경락(담 경락)의 낙혈은 무엇인가요?

담 경락의 낙혈은 광명光明이란다. 담 경락의 합혈인 양릉천 위에는 조그만 뼈가 만져지는데, 이것을 비골두腓骨頭라 하지. 광명혈을 잡기 위해서는 이 비골두와 바깥쪽 복숭아뼈 끝을 마음의 눈으로 선을 그은 후, 아래로부터 3분의 1 되는 지점을 잡아야 하는데, 손으로 만

저보면 건과 건이 갈라진 틈이 느껴지는 곳이란다. 혹은 복숭아뼈로 부터 위쪽으로 5촌 되는 지점이기도 하지.

측면이네의 12호선 딸 경락(간 경락)의 낙혈은 어떤 것이죠?

간 경락의 낙혈은 여구蠡溝란다. 안쪽 복숭아뼈에서 위쪽으로 손으로 뼈를 타고 5촌 정도 올라가면 벌레가 나무를 좀먹은 것과 같이 쏙 들어간 곳이 있는데 그곳이 여구란다.(안쪽 복숭아뼈 꼭대기에서 위로 5촌).

침을 놓을 때는 뼈 위라서 사자(斜刺. 침을 기울여서 놓는 방법)를 써야 한다.

그리고 보니 낙혈들은 엄마와 아빠, 남동생과 누나를 연결시켜주는 다리인 것 같아요. 사랑의 가교架橋……

그렇게 생각할 수도 있지. 그만큼 중요한 역할을 한다고 보지. 일반적으로 오래된 묵은 병에는 낙혈을 많이 쓰기도 한단다. 너도 많이 쓰도록 해라.

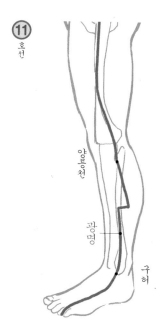

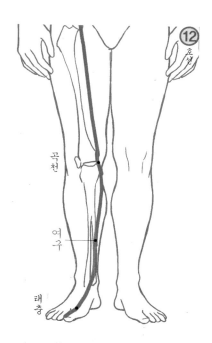

경락과 5행 6기

😊 엄마와 아빠, 누나와 동생은 서로서로 이야기도 잘 통할 거야.
부부는 아이들에 대한 얘기로 많은 시간들을 보낼 것이고, 자식들은
오누이이기에 서로 간의 관심사가 비슷해서 소통되는 것이 많이 있
겠지.

😊 그렇겠네요. 아빠! 이들의 관계를 '수 5의 관점'인 목, 화, 토, 금, 수
오행五行으로 묶을 수 있다고 하셨죠?

😊 그래. 앞서 이야기한 것처럼 9, 10호선인 심포, 삼초 경락은 어찌 보
면 5, 6호선인 심장, 소장 경락과 비슷한 그룹으로 이해해도 되지 않
을까 싶다.
왜냐하면 5, 6호선을 왕王으로 보고, 9, 10호선을 재상宰相으로 생각
할 때, 혹은 5, 6호선을 대그룹의 회장으로 보고 9, 10호선을 그룹 비
서실장으로 생각한다면 하는 일에서 추구하는 바가 같지 않을까?
군주와 재상의 관계, 수장首長과 수족手足의 관계라고 할까?
'형상은 없되 기능은 있다' 혹은 '장기는 없는데 역할은 한다'라는 철
학적 개념을 이해한다면 5, 6호선과 9, 10호선을 같은 속성屬性인 화
火로 이해할 수 있지 않겠니?

😊 예. 그렇게 생각할 수도 있겠네요.

😊 그럼 이해하기가 쉬울 거야.
전면이네의 엄마, 아빠 경락인 폐, 대장 경락을 금金에 배속配屬하
고, 딸, 아들 경락인 비, 위 경락을 토土에 배속하지. 그리고 후면이
네의 엄마, 아빠 경락인 심장, 소장 경락은 화火에 배속하고, 딸, 아
들 경락인 신장, 방광 경락은 수水에 배속시킨단다.

🙂 예.

😊 그리고 앞서 말한 측면이네의 심포, 삼초 경락은 심장, 소장 경락을 대신하는 재상 혹은 대그룹의 비서실장으로 생각하는 동양 철학적인 관점으로 왕과 같은 지배자의 속성이 있기에 화火로 배속할 수 있고, 딸, 아들 경락인 간, 담 경락은 목木에 배속시키지.

이런 식으로 목-화-토-금-수의 5행行의 관점으로 열두 개의 경락을 다섯 개로 묶을 수 있는 거야.

🙂 예.

😊 그리고 심포, 삼초 경락을 화火로 배속시키면 열두 개의 경락이 열 개로 되면서, 그것을 반으로 줄이면 다섯 개인 5행으로 분류할 수 있다는 것이지.

🙂 아빠! '수 5와 6의 관점'에 대해서 다시 설명해주시겠어요?

😊 한번 더 복습해볼까?

하늘을 양으로 본다면 땅은 음으로 볼 수 있겠지. 동양 철학에서는 양인 하늘이 '이치', '근본', '본체', '기준'이 되면서 무한적인 무형이라면, 땅은 '현실', '현상'이 되면서 유한적인 유형의 것이라고 간주한단다. 수의 개념으로 '5'와 '6'을 거시적으로 본다면 모이는 5와 흩어지는 6으로 구분할 수 있겠지. 이때 '5'는 양이 되고 '6'은 음으로 구분할 수 있겠지. 동양 의학은 계절季節 의학 혹은 절기節氣 의학이라고 불려. 1년 365일을 입춘을 기준으로

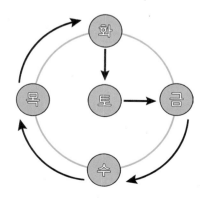

5등분하면 73일씩 나누어지는데, 첫 번째 73일을 일러 목운 木運, 두 번째 73일을 화운 火運, 세 번째 73일을 토운 土運, 네 번째 73일을 금운 金運, 다섯 번째 73일을 수운 水運이라고 부른단다.

5행 五行

6기 3陰 3陽

🧑 그럼 1년 365일을 '수 6의 관점'으로 봐서 6등분할 수도 있겠네요?

😊 그렇지. 하지만 5운을 먼저 설명한 후에 수 6으로 365일을 나눈 것을 설명하자꾸나.

🧑 알겠습니다.

😊 양은 '이치'이면서 '근본'이기에 절대 불변의 개념이란다. 그러니까 무슨 일이 있어도 목운-화운-토운-금운-수운의 순서는 절대로 바뀌지 않는단다.

회사로 비유한다면 양은 서울에 있는 본사의 개념이지.

🧑 그럼 아빠! 지방을 음으로 생각할 때, 음인 지사의 개념으로 1년 365일을 나눌 수도 있겠네요?

😊 그렇지. 이제 조금 전에 네가 물어본 '수 6의 관점'으로 365일을 나눌 때가 된 것 같구나.

음인 수 6으로 부산에 있는 지사에서 365일을 나눈다면 60일 정도로 나눌 수가 있겠지. 입춘일을 시작으로 1, 2월은 초지기 初之氣, 3, 4월을 이지기 二之氣, 5, 6월을 삼지기 三之氣, 7, 8월을 사지기 四之氣, 9, 10월을 오지기 五之氣, 11, 12월을 종지기 終之氣라고 하는데, 이것을 다른 이름으로 부를 수도 있단다.

🧑 그게 뭐죠?

😊 하늘은 양이고 땅은 음이기에, 본사인 서울을 양으로 보고 지사인 부

산을 음으로 바라보면 부산 지사에서는 시작을 음부터 할까? 양부
터 할까?

🧑 당연히 부산지사는 음이기에 음부터 시작하겠지요.

🧑 그래, 그게 맞겠지. 그래서 초지기를 궐음厥陰, 2지기를 소음少陰, 3
지기를 태음太陰이라 부르고, 4지기를 소양少陽, 5지기를 양명陽明,
종지기를 태양太陽이라고 부르게 된 거지.

🧑 아! 그래서 6기를 음부터 시작되는 3음 3양三陰三陽이라고 부른 것
이군요.

🧑 그렇지. 5운運과 6기氣를 음양으로 구분하면, 5운은 양이기에 반드
시 목木부터 시작해서 수水로 끝나는 것이고, 6기는 초지기부터 시
작해서 종지기로 끝나는 것이란다. 그리고 이것들을 다른 이름으로
는 궐음, 소음, 태음, 소양, 양명, 태양이라고 부르는데 반드시 음부
터 시작하는 것이지. 중요한 동양 철학의 개념이야.

음······. 알 것 같으면서도 어렵네요. 그냥 동양 철학의 개념이라고 생각해야겠네요.

아빠! 그런데 6기와 침뜸과는 무슨 관련이 있나요?

12경락의 이름에 붙어 있는 그 철학적 개념들이 전부 다 6기의 명칭이잖니. 예를 들면 전면이네 엄마 경락인 1호선의 원래 이름이 '수 태음 폐 경락'이고, 아빠 경락이 '수 양명 대장 경락'이고, 아들 경락이 '족 양명 위장 경락', 딸 경락이 '족 태음 비장 경락'이잖아. '모녀 관계'와 '부자 관계'가 6기적인 관점에서 바라본 경우지.

그러면 후면이네에서는 '소음'과 '태양'이, 측면이네에서는 '궐음'과 '소양'이 6기적인 관점이겠군요.

그렇지. 그래서 12경락의 명칭에서는 3음 3양의 6기가 있는 거란다.

아빠! 그럼 6기의 개념을 배울 수 있을까요?

물론. 배울 수 있지.

하지만 아빠가 네게 가르치려는 것은 학문적인 접근보다는 기술적인 접근의 침뜸술이니까 6기의 철학적 개념은 나중에 공부하기로 하자.

다만 전면이네, 후면이네, 측면이네 식구들의 모녀 관계와 부자 관계에서 '여성의 속성과 남성의 속성'이라는 비유가 그냥 나온 것이 아니고, 이러한 6기 즉 3음 3양의 개념에서 나온 것이라는 점을 말하고 싶구나.

예. 그 말씀은 엄마 경락이 아

프면 딸 경락이, 아빠 경락이 아프면 아들 경락이 도와주는 것은 당연하다는 말씀이시군요.

그렇지. 그래서 처음 경락 유주에 대해서 공부할 때, '태음'이라는 것은 철학적인 용어니까 넘어가자고 했던 거란다. 지금도 '태음'의 개념을 더 깊이 들어가 설명하지 않고 그냥 큰 틀에서 3음 3양의 하나로 '세 번째 음의 이름이다'라고만 이해시키는 거야.

알겠습니다. 그럼 6기적인 '모녀 관계'와 '부자 관계'의 경락을 가르쳐주세요.

모녀 관계와 부자 관계

그래, 이제부터는 경락 유주와 병증 그림을 모녀 관계와 부자 관계로 설명해주마.

예. 그런데 낙혈은 부부지간과 오누이인 남매지간을 이어주는 혈이라고 말씀해주셨는데, 엄마와 딸을 이어주는 모녀 관계나 아빠와 아들을 이어주는 부자 관계에서 사용해도 괜찮은가요?

좋은 질문이구나.
침돌아! 동양학에서는 항상 '변화變化'를 생각해야 된다고 그랬지? 작은 생각으로는 낙혈을 그렇게 이해하는 게 맞지만, 큰 생각으로는 낙혈도 엄마 경락 혹은 딸 경락 속의 하나의 혈일 뿐이니까 함께 사용해도 괜찮은 것이란다.
사물을 작은 관점과 큰 관점으로 바라볼 때 동양학에서는 큰 관점으로 보는 것을 우선시하며 이를 이간易簡, 즉 쉽고 간단하게 본다고 하지. 다른 말로는 통찰洞察이라고 말할 수가 있겠지.

🙂 통찰이요?

😊 그래. 그래서 동양 의술에서는 병을 바라볼 때 작고 미시적으로 보는 것보다 크고 거시적인 관점에서 판단하는 것이 바람직하다고 본단다. 아빠도 전적으로 동감하는 부분이고…….

🙂 그렇군요.

😊 그럼 도표를 사용해서 6기적인 관계를 설명해주마.

전면이네를 예로 들면 모녀지간인 1호선과 4호선, 부자지간인 2호선과 3호선을 동양 철학의 6기적인 관점에서는 '태음'과 '양명'이라고 부른단다. 즉 모녀지간끼리는 '태음'이라는 같은 기운을 지녔고, 부자지간끼리는 '양명'이라는 같은 기운을 가졌기 때문에 동기同氣 관계라고 말한단다. 즉 같은 기운이라는 거지.

🙂 1호선인 엄마가 아프면 엄마 경락의 혈과 딸 경락의 혈을 함께 사용해서 엄마를 도울 수가 있다는 것이고, 딸이 아프면 딸 경락의 혈과 엄마 경락의 혈을 사용해서 딸의 병을 함께 고칠 수 있다는 것이군요. 물론 아픈 부위 근처에 혈들이 있으면 인근취혈법隣近取穴法으로 근처의 혈들도 함께 사용하면서요.

😊 그렇단다. 2, 3호선인 부자 관계도 매한가지로 생각하면 되고…….
후면이네를 볼까?

🙂 전면이네와 마찬가지로 후면부로 흐르는 후면이네의 경락에서 5호선 엄마 경락인 심장 경락이 아플 때는 8호선 딸 경락인 신장 경락이 같은 소음의 기운氣運을 이용하여 엄마의 병증을 고칠 수 있다는 거군요. 또 6호선 아빠 경락인 소장 경락이 아프면 7호선 아들 경락인 방광 경락이 같은 태양의 기운氣運이기 때문에 서로 도울 수 있다는 말씀이시고요

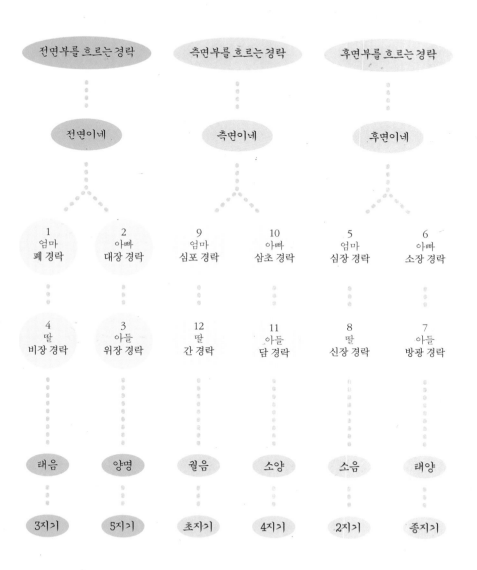

경락의 6기적인 관계

전면부를 흐르는 경락   측면부를 흐르는 경락   후면부를 흐르는 경락

전면이네   측면이네   후면이네

1 엄마 폐 경락	2 아빠 대장 경락	9 엄마 심포 경락	10 아빠 삼초 경락	5 엄마 심장 경락	6 아빠 소장 경락
4 딸 비장 경락	3 아들 위장 경락	12 딸 간 경락	11 아들 담 경락	8 딸 신장 경락	7 아들 방광 경락
태음	양명	궐음	소양	소음	태양
3지기	5지기	초지기	4지기	2지기	종지기

그렇지. 동기同氣는 상구相求하고, 동성同聲은 상응相應하기 때문이 란다. 측면이네 식구들도 마찬가지야.

그런데 이렇게 6기적인 관점으로 경락 유주와 병증 그림들과 앞서 배웠던 원혈, 낙혈, 합혈들을 함께 설명했지만, 크게 생각한다면 모자지간과 부자지간의 관계를 '수 2의 관점'으로 봤을 때는 여자와 남자라는 음양의 관계로 볼 수 있다는 것을 생각해봐야 한다.

그게 무슨 말씀이세요?

측면이네의 모녀지간인 엄마와 딸 9, 12호선이 아프면, 부자지간인 아빠와 아들 10, 11호선이 부리나케 달려가서 아내와 누나를 챙겨줄 수 있다는 거지. 즉 9, 12호선(심포, 간 경락)의 병증이 발생하면 10, 11 호선(삼초, 담 경락)으로 다스릴 수가 있다는 거야.

반대로 남성들이 아프면 여성들이 도와줄 수도 있겠네요?

당연하지. 한가족이니까…….

이렇듯 동양 의술의 침뜸 경락은 서로 얽힌 것 같다마는 '수의 관점' 으로 바라본다면 복잡한 것 같으면서도 쉽게 설명할 수 있는 거란 다. 그래서 처음에 너한테 철학적인 '수의 논리'를 설명한 거야. '수의 흐름'은 '음양의 법칙'이기 때문이지.

또한 '음양의 법칙'은 『주역』의 이치와 맥脈을 같이한단다.

『주역』 「계사전繫辭傳」에 이런 말이 있단다. 궁즉변窮則變, 변즉통變則通, 통즉구通則久라.

그게 무슨 뜻인가요?

'궁하면 변할 것이고, 변하면 통할 것이고, 통하면 오래갈 것이다'란 뜻이지.

즉 1호선이 아프면 1호선을 쓰고, 그래도 안 되면 2호선을 쓰고, 그

래도 안 되면 3호선을 쓰고, 그래도 안 되면 4호선을 쓰고, 그래도 안
되면 1, 2, 3, 4호선의 경락을 다 쓰면 되지 않겠니? 같은 전면이네 집
안 식구들이니까······.

올바른 놈과 이상한 놈, 기경

🙂 지금까지 12정경正經을 익히느라고 고생 많이 했구나. 많이 어려웠지?

🙂 그러게요. 시작은 쉬울 것 같았는데 어렵네요. 처음에는 쉽게 이해할
수 있었는데, 12경락의 유주부터는 복잡해서 정신이 없었어요. 그래
도 반복을 해주셔서 겨우 겨우 따라올 수 있었던 것 같아요.

🙂 그렇지? 아무래도 낯설고, 익숙한 용어가 아니다 보니까.
하지만 동도서기東道西器라는 말이 있듯이 아빠는 동양 의학의 정신
적, 철학적인 측면과 서양 의학의 과학 기술이 서로 음양으로 중中
을 취하듯이 함께 나아가면 좋겠다는 생각을 해.

🙂 그 말씀은 동서양 의학이 함께 합쳐져야 된다는 말씀인가요?

🙂 아니야. 관점이 전혀 다른데 어떻게 합쳐질 수 있겠니? 다만 의학적
인 측면에서 서로 인정하며 함께 갈 수도 있지 않겠느냐는 거지.

🙂 기본적인 틀만 공부하면 누구나 배워서 '일반의약품' 혹은 '가정상비
약'처럼 쓸 수 있는 기술로서의 침뜸을 말씀하시는 거지요?

🙂 그렇지. 배우고 싶은 이가 선택을 할 수 있게 말이다.
그건 그렇고 아직 공부가 다 끝난 게 아니다. 지금부터는 이상한 지
하철 노선인 기경奇經에 대해서 배워야겠다.

🙂 기경이라고요?

🙂 그래. 그렇게 어렵지 않으니 겁먹지 말아라. '수 2의 관점'으로 보면

이쪽은 12정경正經 즉 바른 경락 열두 개이고, 저쪽은 기경 8맥 즉 이상한 경락 8개가 있는 음양이 된단다.

🙂 무엇 때문에 이상하다고 하는 건가요?

🙂 이름을 들여다보면 정경은 바를 정正 자를 썼고 기경은 이상할 기奇 자를 썼지? 그래서 아빠가 그냥 이상한 경락이라고 이름 붙인 거야. 정경은 자기만의 지하철 노선이 있는 경락이고, 기경은 자기만의 지하철 노선이 없는 경락이라는 뜻이란다. 집으로 비유하자면 정경은 내 집이 있다는 것이고, 기경은 내 집이 없기에 월세에 거주한다고 하면 이해가 쉽겠지?

🙂 아, 예. 내 집이 있다는 것과 없다는 것의 차이군요. 다른 식으로 설명해주실 수는 없으세요?

🙂 있지. 강으로 기경을 설명할 수도 있단다. 큰 강에는 본류本流와 지류支流가 있지? 만일 비가 많이 오면, 강둑의 범람을 막고 홍수 조절을 하는 방법으로 옛날에는 운하運河나 수로水路를 많이 만들었단다. 물의 흐름을 운하나 수로 쪽으로 돌리면 우선은 홍수나 강둑의 범람을 피할 수 있었던 거지.
정경正經을 본류로 비유하고, 지류인 운하나 수로는 기경奇經에 비유할 수 있는데, 몸이 갑자기 아프다거나 너무 아플 때는 정경을 쓰기 전에 기경을 써서 병을 다스릴 수 있다고 본다.

🙂 손쉽게 병증을 다스릴 수 있는 이상한 경락을 기경이라고 한다고 이해하면 되겠네요. 그런데 기경은 여덟 개라고 하셨는데 어떤 것이 있나요?

정상적인 것	비정상적인 것
12경락	8기경(奇經, 이상한 경락)
내 집	월세
강의 본류	강의 지류

이상한 놈 가운데 예외, 임맥과 독맥

🙂 그래. 기경에는 여덟 개가 있는데 그 중 임맥任脈, 독맥督脈만을 공부하려고 한다. 동양학은 항상 예외가 있다고 했지? 기경 중에서 여섯 개의 기경은 남의 집에서 월세를 살지만 임·독맥 두 개만은 예외적으로 자기 집이 있단다. 즉 자기만의 지하철 노선이 있는 것이지.

🙂 어떻게요?

🙂 몸의 체간體幹을 음양으로 구분하면 배는 음이고 등은 양이란다. 임맥은 생식기와 항문 사이를 출발해서 배의 정중앙을 따라 아랫입술까지 흐르는 지하철 노선의 경락이고, 독맥은 생식기와 항문사이를 출발해서 등 정중선인 척추를 따라 머리 정중앙을 흘러 윗입술에 도달하는 지하철 노선의 경락이란다.

🙂 임맥과 독맥은 많이 사용하는 경락인가요?

🙂 많이 쓰는 경락이지. 기경에 관해서만도 많은 양의 공부가 필요하단다. 그만큼 중요하지. 다만 아빠가 네게 기경을 이야기하는 것은 경락이 지나는 부위가 아플 때 12정경과 함께 사용하는 것도 좋은 치유 방법이기에 개념 설명을 해준 거란다.

🙂 기경에도 대표혈이 있나요?

🙂 있지. 하지만 지금 네게 기경을 가르치는 이유는 병증이 발현했을

때, 아픈 부위에 있는 임독맥의 혈들과 함께 12정경의 혈들을 사용하는 방법을 가르치려고 하는 거지. 또한 12경락의 대표혈이라고 말한 것은 네게 쉽게 혈자리를 알려주기 위해서 원혈과 합혈을 짝지어서 만든 것이지, 대표혈만 되고 기타 다른 혈들은 안 된다는, 즉 이 혈은 되고 저 혈은 안 된다는 생각은 하지 말아라.

🙂 예. 이해를 높이기 위해서 원혈과 합혈을 짝 지어 대표혈이라고 말씀하신 것일 뿐 나머지 혈에 대해서는 저 스스로 공부하라는 것과 같은 말씀이네요?

🙂 그렇지. 각 경락에는 특정혈特定穴의 개념을 가진 혈들이 많이 있단다. 아빠가 네게 말했던 것들은 그런 특정혈들을 공부하기 전에, 경락과 경혈을 먼저 이해하기 위한 입문일 뿐이란다. 큰 틀을 이해하고 안다면 세부적인 것들을 공부하기가 훨씬 쉽지 않겠니?

아빠는 침뜸 의술을 배울 때 이러한 시각으로 바라볼 수도 있다는 걸 말해주고 싶었어. 그리고 이러한 접근이 침뜸 의술과 친해질 수 있는 지름길이라고 생각한단다.

🙂 예. 알겠습니다. 그럼 많이 쓰는 임·독맥의 혈들을 가르쳐주세요.

🙂 그래. 독맥 중에서 네 손이 닿지 않는 척추 사이는 빼고, 손이 닿는 머리 정중앙에 있는 상성혈上星穴, 전정혈前頂穴, 백회혈百會穴, 후정혈後頂穴, 뇌호혈腦戶穴을 사용해서 두통을 다스릴 수가 있을 거야.

임맥은 배를 상초, 중초, 하초로 구분해서 단중혈, 상완혈, 중완혈, 관원혈을 사용하면 복통과 생식기 쪽의 문제를 다스릴 수 있을 거야.

🙂 예. 잘 알겠습니다.

🙂 그럼 이제 혈자리로 병증들을 다스려보도록 하자.

🙂 예.

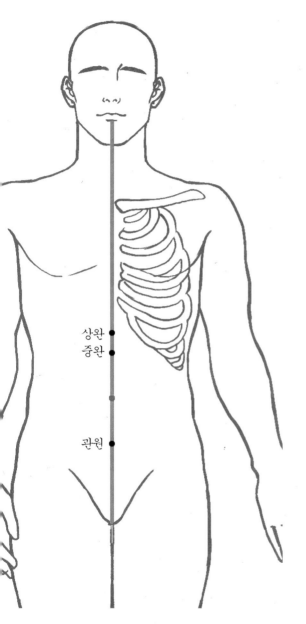

임맥

상완 ●
중완 ●

관원 ●

상완上腕
가슴의 늑골들이 모인 곳. 흉골체胸骨體 밑과
배꼽의 8분의 3인 지점

중완中腕
가슴의 늑골들이 모인 곳. 흉골체 밑과 배꼽
의 2분의 1인 지점

관원關元
생식기 위에 있는 있는 뼈를 치골恥骨이라고
한다. 치는 부끄럽다는 뜻이다. 치골과 배꼽
의 5분의 2 지점.

독맥

상성上星
양쪽 귀를 기준으로 머리 위로 마음의 선을 긋고 손으로 만져보면 머리 꼭대기쯤에 쏙 들어간 지점이 있는 데 이곳을 백회百會로 잡는다. 백회와 앞머리 끝선의 중앙의 5분의 1쯤 되는 부분에 쏙 들어간 느낌이 나는 지점.

전정前頂
백회에서 앞으로 1.5촌 되는 곳으로 손으로 만지면 쏙 들어가는 느낌이 나는 지점.

백회百會
신체의 여러 경락이 모이는 곳으로, 양쪽 귀를 기준으로 머리 위로 마음의 선을 긋고 손으로 만져보면 꼭대기쯤에 쏙 들어간 느낌이 나는 지점.(가마는 아님)

후정後頂
백회에서 뒤쪽으로 1.5촌 되는 곳으로 손으로 만지면 쏙 들어가는 느낌이 나는 지점.

뇌호腦戶
베개를 벴을 때 닿는 뼈를 침골枕骨, 혹은 외후두융기外後頭隆起라 한다. 외후두융기 전후에 취하면 된다(외후두융기는 사람에 따라 고저高低와 형상形狀이 다를 수 있다)

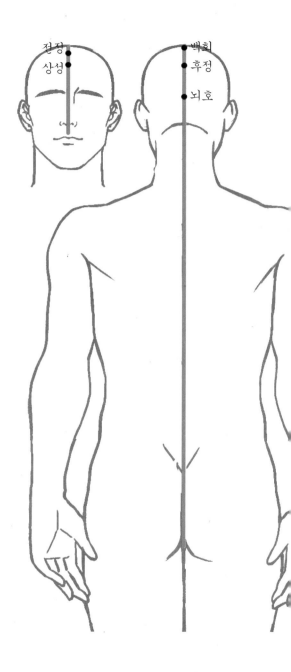

214

치유

뜨끈뜨끈,
어이 좋다!

내 몸의 이상 징조를 맨 처음 느꼈을 때 바로 즉시 침뜸을 하면 되는데
대다수의 사람들은 생활이 바쁘다는 핑계로 대수롭지 않게 생각하다가
큰 병으로 진전된 후에야 병을 잡으려고 하니까 고생도 많이 하고
쉽게 고치기도 어려운 거야.

😮 그럼 지금부터는 내 몸이 아프면 어떤 경락의 어떤 혈을 쓸 수 있는 지를 말씀해주세요. 그러면 말씀해주시는 경락과 혈들을 무조건 외워서 침을 놓아볼까봐요.

😊 그러면 안 되지. '어디가 아프면 어떤 혈을 쓴다'라는 식의 대답은 인터넷이나 기존에 나와 있는 침뜸 책을 보면 될 것이고, 그렇게 접근하려면 굳이 아빠 얘기를 들을 필요가 없단다.

😮 그럼 어떻게 해야 하죠?

내 몸은 내가 선장

😊 침뜸 의술에서는 '병病'을 '기氣'가 소통하지 못해서 생긴 것으로 본단다.
'기불통즉통氣不通則痛'이라고 했었지? 그러니까 무조건 기만 소통시켜주면 되는 것인데 몸의 기 소통을 바로 하지 않고 오래 두면, 병은 급병急病에서 만성병인 구병久病으로 전화轉化되겠지.

그래서 내 몸의 이상 징조를 맨 처음 느꼈을 때 바로 즉시 침뜸을 하면 되는데 대다수의 사람들은 생활이 바쁘다는 핑계로 대수롭지 않게 생각하다가 큰 병으로 진전된 후에야 병을 잡으려고 하니까 고생도 많이 하고 쉽게 고치기도 어려운 거야.

초기 대응이 중요하다, 이 말씀이죠?

그렇지. 그리고 아픈 곳이 있으면, 그 아픈 부위가 어느 공간으로 흐르는 경락인지 즉 전면이네인지, 후면이네인지, 측면이네인지를 파악한 후 그곳을 지나는 경락을 선택한 후 그 경락의 대표혈과 아픈 부위 근처에 있는 인근 혈을 쓰면 되는 거란다.

그리고 선택한 경락의 혈들이 병을 다스리지 못하면, 그 경락과 관련된 다른 가족의 경락과 경혈들을 불러서 함께 사용하면 병을 다스릴 수가 있는 것이고.

경락 간의 관계를 생각한 후, 제가 스스로 경락과 경혈을 선택해도 된다는 말씀이시군요?

그렇지. 모든 선택은 네 마음대로 할 수 있다는 거지. 지금까지 배웠던 틀 안에서 네 마음대로, 네 의지대로……. 네가 네 몸의 선장船長이니까.

아울러 침뜸 의술에서는 경락, 경혈을 선택하는 방법이 아빠가 가르쳤던 방법 말고도 다양하게 있단다. 우리 집에서 부산에 가는 방법이 다양하듯이…….

다만 아빠는 지금까지 이야기한 이런 방법도 있다고 네게 가르쳐준 것이고 그럼으로써 네가 침뜸을 쉽게 쓸 수 있기를 바란단다. 누구나 원하면 배워서 쓸 수 있게…….

다른 방법이나 기준으로 경락 경혈을 선택할 수 있다는 거죠?

그렇지. 내가 쓰는 방법은 옳고 다른 사람이 쓰는 방법은 틀렸다는 편협한 생각은 버려야 하는 거야. 네가 침 쓰는 방법에 익숙해져서 '너만의 침술'을 만들어간다면 그게 최고야. 그리고 나면 다른 방법 도 얼마든지 배울 수 있는 거고.

예. 제 스타일을 완전히 만든 후 다른 방법들도 배우겠습니다.

그래. 그리고 우리가 쓰는 가는 침이 아프지 않고, 안전하고, 누구나 쓸 수 있는 것이라는 점을 꼭 기억해서 침에 대한 두려움과 무서움 을 극복해야 한다. 그것을 극복하는 가장 좋은 방법은 수건이나 실 타래을 이용한 침 놓는 연습이란다. 침과 친해지는 가장 좋은 방법 이지.

침 다루기를 통해서 침을 가깝게 생각하되, 침의 효과에 대해서는 존중해야 된다는 말씀이고요?

그렇지. 침뜸의 효과에 대해서는 겸손함을 잃어서는 안 된다. 사는 것도 마찬가지지만…….
아울러 의술과 같은 방술학方術學의 모체는 동양 철학이기에 동양 철학의 부모인『주역周易』과『천부경天符經』을 많이 읽기를 권한다. 즉 철학이 의술보다 먼저지만 실용성 때문에 의술이 먼저인 것처럼 보일 뿐이란다. 자, 그럼 머리부터 가볼까?

예.

머리 아플 때

🙂 그런데 머리는 왜 아픈 것일까요?

😊 기가 위로 올라갔기 때문이란다.

🙂 그럼 어떻게 하면 되죠?

😊 기를 내리기만 하면 되겠지. 기를 내리는 양경락陽經絡을 선택해서 그 대표혈을 쓰면 될 듯싶구나.

🙂 어느 경락의 어느 혈을 선택하면 될까요?

😊 대표적으로 3호선의 족삼리足三里가 되겠지. 전면이네 아들 경락인 3호선 전면이는 자기 집안의 모든 궂은 일을 도맡아 하는데, 경락 유주가 머리에서 다리로 내려가는 경락이기에 머리에 모인 탁기濁氣를 아래로 내릴 수 있기 때문이지.

🙂 그래도 계속 아프면 어떻게 하죠?

😊 팔에 있는, 즉 전면이네의 아버지 경락인 2호선 대장 경락의 곡지를 쓰면 되지. 아빠 경락의 지하철 노선은 손에서 머리로 흐르기 때문에, 두통은 머리로 지나가는 경락을 함께 선택함으로써 다스릴 수가 있지.

🙂 12정경과 함께 기경인 독맥을 함께 사용하는 것은 어떨까요?

😊 가능한 혈자리 선택법이지. 독맥의 머리에 있는 전정, 백회, 후정을 선택해서 사용하면 두통을 없앨 수 있단다. 그리고 침을 두려워하는 사람에게는 침의 개수를 줄이면서 독맥 자체의 혈만을 사용하는 것도 방법이겠지.

🙂 선택하신 경락들은 전면부를 흐르는 전면이네의 경락들이군요?

😊 그렇단다. 두통도 '수 3의 관점'으로 전두통, 후두통, 측두통으로 구

분할 수 있기 때문에, 전두통은 전면이인 3호선을 위주로 쓰고, 후두
통은 후면이인 7호선을 위주로 쓰고, 측두통은 후면이인 11호선을
주축으로 선택하면 되지. 그리고 머리로 지나는 독맥혈을 함께 선택
해서 쓰면 더 좋고.

머리에 있는 독맥혈들을 쓰는 것은 알겠는데요, 12정경 속의 다른
혈들을 쓰면 안 될까요?

머리 아플 때

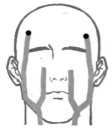

두유頭維
앞이마 모서리와 눈썹 외측의 끝을 마음의 눈
으로 선을 그으면 이마 모서리 끝 즈음에 세로
로 근육이 갈라진 듯한 느낌이 드는 곳. 침은
세로로 기울여서 놓는다.

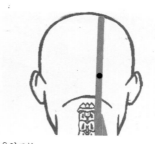

옥침玉枕
베개를 베었을 때 닿는 침골 즉 외후두융기 옆
으로 2.5cm 되는 지점.

천주天柱
목뼈를 따라서 손으로 밀어 올라가면 쑥 들어
간 부분을 아문瘂門이라 하는데, 아문 옆으로
2cm 되는 부분의 근육이다.

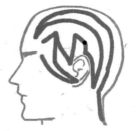

솔곡率谷
귀 윗부분에서 마음의 선을 위로 긋고, 이마와
눈썹의 2분의 1 지점에서 가로로 선을 그으면
만나는 부분으로 이를 맞물리면 움직이는 근
육이 있는데 그 근육의 중간 지점이다.

🙂 되지. 예를 들면 전두통은 3호선인 두유頭維와 족삼리를 쓰고, 후두통은 옥침혈玉枕穴이나 천주혈天柱穴과 위중을 쓸 수 있고, 측두통은 솔곡혈率谷穴과 양릉천을 함께 선혈할 수가 있겠지.

🙂 머리 아플 때 이 혈을 모두 사용하면 안 될까요?

🙂 안 될 리가 있겠니? 거시적인 틀에서 바라보면 모두 양경락이고, 머리에 있기 때문에 네가 사용하기 편한 것을 선택해서 사용하면 되는 거란다. 내가 쓰기 편한 혈로 네가 골라서……

어깨 아플 때

🙂 요즘에는 책상에 앉아서 오래 일하다 보니 어깨 아픈 사람이 많던데, 이럴 때는 어느 경락의 어떤 혈을 사용할 수 있을까요?

🙂 어깨 통증은 양병陽病이다. 등 뒤 위쪽과 등은 양陽이기 때문이지. 경락의 유주를 살펴보면 전면이네, 후면이네, 측면이네의 아빠들은 손에서 머리로 경락이 지나는데, 넓게 보면 어깨 부위는 아빠들이 지나는 부위에 있지. 그래서 2호선, 6호선, 10호선을 '수 삼양 경락手三陽 經絡'이라고 부르기도 한단다.

🙂 그럼 2호선, 6호선, 10호선의 대표혈을 모두 사용하면 되겠군요?

🙂 그렇지. '수 삼양 경락'의 대표혈들을 사용하면서 어깨 부위를 지나는 혈들을 함께 사용하는 것이 효과적이지 않을까?
대표혈에다 2호선의 경우, 6호선의 천종, 견중유, 10호선의 견료혈을 함께 쓰는 거지.
그리고 측면이네의 11호선인 아들 경락이 어깨를 지나가는데 견정도 어깨를 치료하는 좋은 혈자리란다. 견肩이 어깨 견자네.

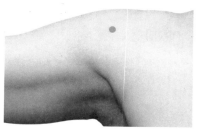

견우肩髃
팔을 90도로 옆으로 들었을 때, 어깨 앞쪽에
생기는 쪽 들어간 곳. 침은 아래쪽을 향하여
놓는다.

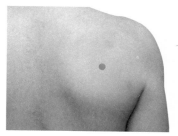

천종天宗
견갑골 중앙의 쪽 들어간 곳이며 대략 견갑골
의 3분의 1인 지점으로, 누르면 압통이 심한
곳에 침을 세워서 놓는다.

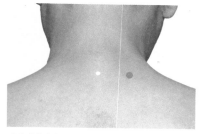

견중유肩中兪
고개를 아래로 내려드리게 되면 목덜미 쪽에
가장 높게 올라온 뼈 밑아 대추혈大椎穴인데,
대추혈 옆 2촌 되는 곳.

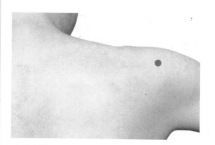

견료肩髎
팔을 90도 옆으로 들었을 때, 견우의 뒤쪽으로
어깨 뒤편의 쪽 들어간 부분으로 침은 아래쪽
을 향하여 놓는다.

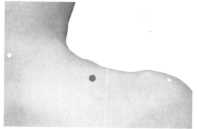

견정肩井
어깨 끝에 나온 산봉우리 같은 뼈 끝을 견봉각
肩峰角이라 한다. 대추와 견봉각을 마음의 눈으
로 선을 긋고, 그 중간을 누르면 압통을 느끼
는 지점이다. 침을 45도 기울여서 바깥쪽을 향
하여 놓는다.

어깨를 지나가는 다른 혈을 사용하면 안 되나요?

안 되긴. 어디까지나 내가 얘기한 혈들은 예를 들어 설명하는 것이고, 어깨 주위의 다른 혈들을 사용해도 무방하단다.

예. 알겠습니다.

어깨에 침을 놓을 때는 폐를 보호하기 위해서 침을 사자斜刺 즉 45도 기울여서 놓아야 한다.

왜요? 우리가 쓰는 0.2mm×40mm 침은 가늘고 짧아서 위험하지 않다고 하셨잖아요?

아니지. 그래도 조심해서 나쁠 것은 없잖아. 그리고 침을 맞을 때는 이왕이면 누워서 맞는 것이 좋단다.

등이 결릴 때 (등이 쑤실 때) – 상초上焦

등이 결릴 때는 어떻게 하죠?

먼저 등을 '수 3의 관점'으로 삼등분해보자. 양 견갑골 끝을 마음의 눈으로 선을 그으면 위쪽은 '상초上焦'가 되고, 한 손으로 옆구리 부분에서 위쪽으로 밀어올리면 첫 번째 걸리는 늑골이 12번 갈비뼈인데, 좌우 12번 갈비뼈 사이를 마음의 눈으로 선을 긋고 견갑골 하단과 12번 흉추 사이를 '중초中焦'라 하고, 12번 갈비뼈 아래를 '하초下焦'라 한단다.

그래서 등이 결릴 때에는 후면이네의 아빠 경락인 7호선의 대표혈과 상초에 있는 폐유, 심유, 궐음유를 쓰면 등 결리는 것은 풀리지.

이곳에 침을 놓을 때도 척추 쪽으로 45도 기울여서 놓거나, 침끝 방향을 아래로 기울이는 하사자下斜刺, 즉 45도 기울여서 아래로 놓는

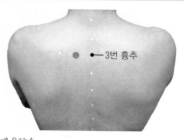

3번 흉추

폐유肺兪
고개를 아래로 내려드리면 목덜미 쪽에 가장
높게 올라온 뼈 밑이 대추혈大椎穴인데, 7번째
경추頸椎 밑이다. 그 다음 뼈는 흉추胸椎인데, 3
흉추 옆으로 1.5촌 되는 지점의 근육인데, 침을
안쪽이나 밑을 향하여 놓는다.

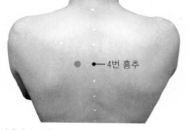

4번 흉추

궐음유厥陰兪
4 흉추 옆으로 1.5촌 되는 지점의 근육.

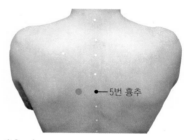

5번 흉추

심유心兪
5 흉추 옆으로 1.5촌 되는 지점의 근육.

것이 좋을까요?

😀 그렇지. 상초에 침을 놓을 때에는 그렇게 하지만, 중초나 하초에서는
직자直刺 즉 침을 곧게 놓으면 된단다.

등의 중간 부분이 아플 때 – 중초中焦

😀 등의 중간 부분이 아플 때는 어디에 침을 놓을 수 있을까요?

😀 일반적으로 등 중간 부위가 아픈 경우는 과로過勞했다든지 과식過食

했을 경우가 많은데, 후면이인 7호선의 대표혈과 간유, 담유, 비유, 위류를 쓰면 될 듯싶구나.

😮 앞서 후면부로 흐르는 경락 중 방광 경락인 7호선이 중요하다고 말씀하셨는데, 왜 그런지 말씀해주실 수 있나요?

😊 그래. 동양학은 북北을 중심으로 방위를 설명하고 있단다. 즉 북이 기준점이지.

신체에서 북北자가 들어 있는 글자는 등 배背인데, 등은 몸의 5장 6부의 반응처가 다 있는 경락이야. 그래서 몸이 아플 때에는 등에서 모두 확인할 수도 있고 치료할 수도 있다고 생각한단다. 간유, 담유에 쓰는 유兪자에는 '대답하다'와 '병이 낫다'라는 뜻이 포함되어 있기도 하단다. 조상님들은 몸의 이상異常을 느끼면 뜨끈뜨끈한 온돌방 아랫목에서 등을 지져서 건강을 챙기기도 하셨단다. 이렇게 등은 진단처診斷處이자 치료처治療處로서 침뜸 의술에서는 중요한 부위야.

😮 말씀을 들어보니 침뜸이 왜 우리 문화의 한 축인지를 이해할 수 있겠네요.

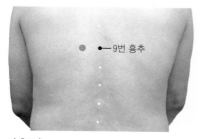

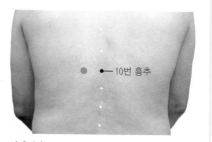

간유肝俞
견갑골 끝을 마음의 눈으로 선을 그었을 때, 만나는 흉추가 7번 흉추이다. 여자의 경우는 브래지어 끈이 지나는 곳. 7번 흉추에서 아래로 9번 흉추를 잡은 후, 9 흉추 옆으로 1.5촌 되는 지점의 근육.

담유膽俞
10 흉추 옆으로 1.5촌 되는 지점의 근육.

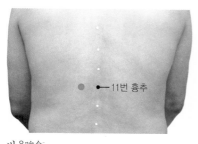

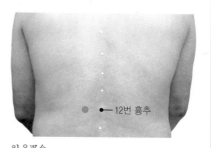

비유脾俞
11 흉추 옆으로 1.5촌 되는 지점의 근육.

위유胃俞
12 흉추 옆으로 1.5촌 되는 지점의 근육.

아빠! 저랑 언제 찜질방에 있는 온돌방에 등 지지러 가실까요?

😊 좋지!

허리가 아플 때 - 하초下焦

😊 가장 흔하게 아픈 데가 허리인데, 이럴 땐 어떻게 혈자리를 선택하나요?

허리가 아플 때 - 하초

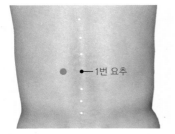

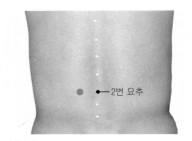

삼초유三焦兪
손으로 옆구리를 밀어올리면 만나지는 뼈가
12번째 갈비뼈다. 좌, 우 갈비뼈를 마음의 눈
으로 선을 그었을 때, 만나는 흉추가 12번 흉
추이다. 12번 흉추 다음뼈는 요추腰椎 1번 뼈이
다. 1 요추 옆으로 1.5촌 되는 지점의 근육.

신유腎兪
2 요추 옆으로 1.5촌 되는 지점의 근육.

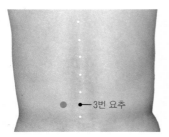

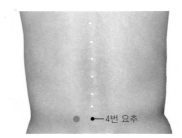

기해유氣海兪
3 요추 옆으로 1.5촌 되는 지점의 근육.

대장유大腸兪
4 요추 옆으로 1.5촌 되는 지점의 근육.

허리는 뒤에 있기 때문에 당연히 뒤로 흐르는 후면이네의 아들인 후
면이 7호선의 대표혈을 선택해야지. 그리고 허리 주위에 있는 혈인
삼초유, 신유, 기해유, 대장유를 쓰면 될 거야.

배가 아플 때

아빠! 신경을 많이 쓴다거나 속이 거북할 때는 어느 혈자리를 쓰면

될까요?

배 아플 때야말로 경락을 참 다양하게 선택할 수 있고, 사용할 수 있
는 혈들도 많은 경우야.

쉽게 생각하면 속이 불편할 때에는 무조건 전면부를 다루는 전면이
네의 아들인 3호선 전면이의 족삼리를 선택하면 많이 가라앉을 거
다. 그리고 배꼽 옆에 있는 같은 3호선의 혈인 천추와 기경 중 임맥
에 있는 중완을 쓰면 속은 많이 풀릴 거야.

배에다 침을 놓기가 조금 무서울 것 같은데요?

아니야. 의외로 배가 통증이 없고 위험하지가 않아. 실질적으로 자가
침술自家鍼術로 스스로 두 손을 사용해서 쓰기 좋은 곳이 다리와 배,
머리 부위에 있는 혈인데, 다리와 배 주위에 있는 혈들을 많이 쓰면
침술을 익히고 기술이 느는 데 큰 도움이 된단다.

그리고 천추나 중완에 침을 놓을 때는 장기를 관통할 수도 있어.

장기를 관통시킬 수도 있다고요?

그럴 수도 있고 말고……. 침돌아! 사람이 살다 보면 생각하지도 못
한 큰일을 겪곤 하는데, 그럴 때마다 몸이 아프게 되는 경우가 많단
다. 몸이 아픈 것은 속에 있는 내장들이 위축되어서 그런 거지. 그러
니 손과 발에 있는 혈들을 통해서 혹은 침과 뜸을 이용해서 내장이
움츠러든 것을 풀려는 거야. 침이 장기를 관통했을 때, 뻐근한 느낌
이 들면서 속이 쫙 풀리는 것을 느낄 수 있는데, 이런 것은 이상한 게
아니란다. 너도 앞으로 경험을 통해서 천천히 익힐 수 있을 거야.

그리고 관통되는 장기는 장부臟腑 중에 양陽에 해당되는 부腑인 위장,
대장, 소장이지 음陰에 해당되는 장臟인 간, 폐, 심장 등은 아니란다.

그건 무슨 뜻인가요?

😊 우리가 사용하는 혈자리인 중완이나 천추, 관원의 혈자리 밑에 있는 장기臟器는 양陽인 부腑란 것이지 음陰인 장臟이 아니란다. 장臟을 찌르면 절대 안 된다는 거지.

😊 예. 그렇군요.

😊 대신에 이런 혈자리 밑에 있는 부腑에는, 침 쓰는 법을 익힌 뒤 가늘고 얇은 침으로 놓으면 괜찮다는 말이야. 그리고 대표적인 부腑는 위장, 대장이란다.

😊 예, 알겠습니다.

😊 그래서 이런 혈들이 경혈학 책에 나와 있는 거야, 그리고 관원과 중극 혈을 사용하면 아랫배나 생식기에 관련된 어려움들을 해결할 수

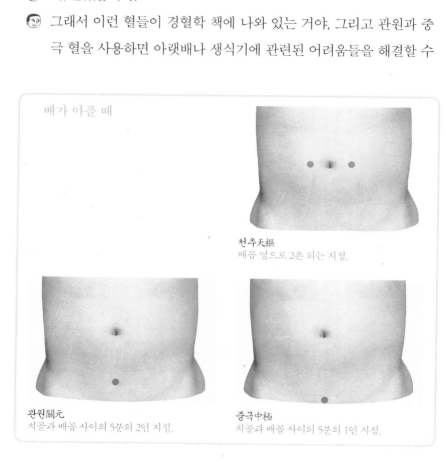

배가 아플 때

천추天樞
배꼽 옆으로 2촌 되는 지점.

관원關元
치골과 배꼽 사이의 5분의 2인 지점.

중극中極
치골과 배꼽 사이의 5분의 1인 지점.

도 있어.

👦 정력精力에 관련된 것도요?

😊 그 문제도 어찌 보면 생식기 문제 속에 포함되니 당연하겠지. 소쿠리
뜸을 이용해 아랫배의 문제를 많이 해결할 수도 있지만, 경우에 따
라서는 관원이나 중극을 사용할 수도 있는 거란다.

👦 아랫배가 몸의 근원이니까 그런 거군요.

😊 그렇지. 몸의 뿌리니까……

무릎이 아플 때

👦 무릎이 아프거나 시릴 때는 어떻게 하나요?

😊 무릎은 전면부에 있으니까 우선 전면이네의 아들 경락과 딸 경락을 사
용한다는 생각을 해야겠지. 3, 4호선의 대표혈인 족삼리와 음릉천을
선택하고 무릎에 있는 3호선의 혈인 독비를 쓰면 많이 좋아질 거야.

👦 다리로 지나가는 다른 집안의 경락들을 함께 쓸 수는 없을까요?

😊 왜 못 하겠니? 당연히 가능하지.

모든 문제를 스스로 해결하려는 자립심도 필요하겠지만, 때로는 주
위 사람들한테 도움을 받아서 어려운 문제를 풀어가는 방법도 필요
하단다.

그래서 후면이네, 측면이네의 아들 경락과 딸 경락의 무릎 근처에
있는 혈들을 쓸 수 있는 거지. 무릎 근처 바깥쪽이 아프면 11호선의
양릉천과 슬양관을 함께 쓰면 될 것이고, 무릎 안쪽이 아프면 12호
선의 슬관을 쓰면 되는 거란다.

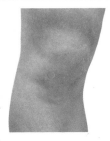

독비犢鼻
다리를 쭉 펴고 무릎뼈 하단 옆을 손가락으로
더듬어보면 송아지 콧구멍만하게 쏙 들어간
곳으로 침을 놓을 때는 기울여서 놓는다.

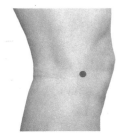

슬양관膝陽關
무릎뼈에서 바깥쪽으로 손가락으로 눌러보면
허벅다리 뼈와 정강이 뼈 사이의 중간 지점에
쏙 들어가는 느낌이 있는 곳.

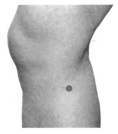

슬관膝關
음릉천 후방 1촌. 정강이 뼈 안쪽을 손으로 밀
고 올라가면 굽어지는 곳이 음릉천이다.

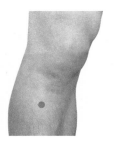

족삼리
정강이 앞을 손가락으로 쭉 밀고 올라가다 보
면 첫번째 볼록 나온 뼈를 만나는데, 그곳에서
1치(1.5~2cm 정도) 정도 덜어진 곳에 쏙 들어간
곳으로 누르면 강한 압통이 있는 곳.

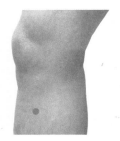

음릉천
무릎 안쪽으로 정강이 뼈를 손으로 밀고 올라
가면 만나는 첫 번째 굽어지는 부위로 누르면
압통이 있는 곳.

발목이 아플 때

발목이 자주 삐거나 할 때는 어떻게 하나요?

발목 주위로는 전면이네의 아들, 딸 경락인 3, 4호선과 측면이네의
아들, 딸 경락인 11, 12호선이 지나가지. 3호선의 해계와 4호선의 상
구혈, 11호선의 구허와 12호선의 중봉을 쓰면 된단다.

발목이 아플 때

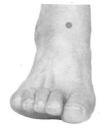

해계解谿
발목 관절 가로금의 중앙에 있는 두 개 힘줄
사이 쏙 들어간 곳으로, 발목을 들어올렸을 때
가장 깊숙한 곳이다.

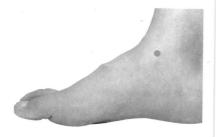

상구商丘
안쪽 복숭아뼈의 앞쪽으로, 마음의 눈으로 가
로선과 수직선을 그었을 때 만나는 지점인데
손으로 누르면 쏙 들어간 지점.

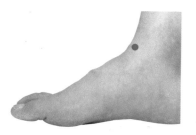

중봉中封
해계와 상구의 중간 부분으로 해계혈에서 건
을 하나 넘어가면 된다.

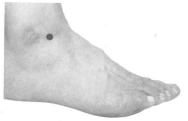

구허丘墟
바깥쪽 복사뼈 앞쪽의 수직선과 아래쪽의 수
평선이 만나는 지점으로 손가락으로 누르면
쏙 들어간 곳.

팔꿈치의 바깥쪽이 아플 때

😀 팔꿈치의 바깥이 아프면 어떻게 하죠?

😊 당연히 손에서 머리로 가는 아빠 경락인 2, 6, 10호선의 합혈을 쓰면 될 거야.

😀 팔꿈치의 안쪽이 아플 때는 엄마 경락인 1, 5, 9호선의 합혈들을 쓰면 되겠네요?

😊 그렇지.

손목의 바깥쪽이 아플 때

😀 손목의 바깥쪽이 아프면 아빠 경락인 2, 6, 10호선의 원혈들을 쓰면 되겠죠?

😊 그렇지. 그리고 10호선의 낙혈인 외관을 추가하고 경우에 따라서는 스리(3) 양陽이라고 해서 손목 주위에 있는 2호선의 양계와 6호선의 양곡, 10호선의 원혈인 양지를 함게 쓰기도 한단다.

😀 '스리 양'이라고요? 그런 게 정말 있어요?

😊 있기는……. 아빠가 그냥 그렇게 이름을 붙인 거지. 손목이 아플 때는 스리 양을 써보렴, 하하.

😀 그럼 손목의 안쪽이 아플 때는 1, 5, 9호선의 원혈과 9호선의 낙혈인 내관을 함께 사용하면 되겠군요?

😊 맞다. 그렇게 쓰면 된단다.
아울러 아시혈阿是穴에 대해서 알려주마.
아시阿是는 아! 맞다라는 말인데 통증이 있는 부위를 눌러서 통증

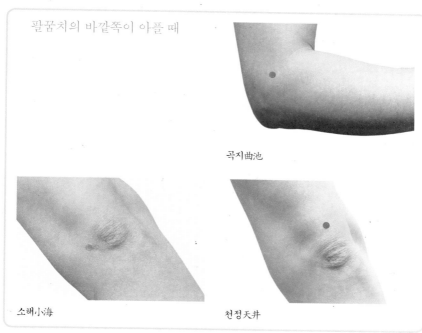

팔꿈치의 바깥쪽이 아플 때

곡지曲池

소해小海

천정天井

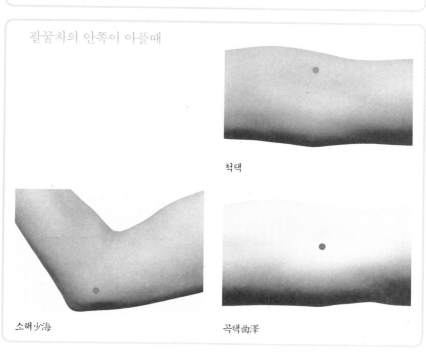

팔꿈치의 안쪽이 아플때

척택

소해少海

곡택曲澤

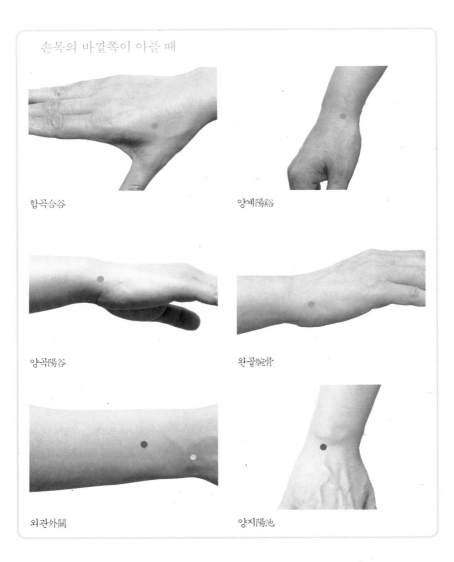

손목의 바깥쪽이 아플 때

합곡合谷

양계陽谿

양곡陽谷

완골腕骨

외관外關

양지陽池

부위에다 침을 놓으면 통증을 없앨 수 있게 하는 혈자리란다. 아시혈의 개념을 알고 아픈 부위에 쓰면 되는데, 다만 혈자리 공부를 하지 않고 모두 아시혈 개념으로 침을 쓰면 안 된단다.

예, 알겠습니다.

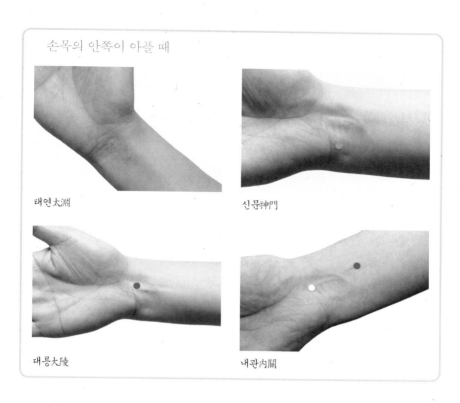

손목의 안쪽이 아플 때

태연太淵

신문神門

대릉大陵

내관內關

😊 고생했고 수고했다. 마무리로 몇 가지 당부를 하마.

쉽게, 간단하게

😊 동양 의학이 추구하는 바는 이간易簡이다. 쉽고 간단하고 단순하게
바라보자는 거야. 병을 볼 때 복잡하게 보려고 하지 말고 단순하게
보라는 뜻이란다.

기본이 중요하다. 몸에 흐르는 경락이 어느 쪽으로 흐르는가를 파악
하는 것, 그것이 침뜸 의술의 기본이다. 그러니까 아픈 부위가 어느
쪽인가를 파악하면 침뜸을 할 수 있는 기본을 파악할 수 있어.

흘러가는 지하철 노선은 꼭 외워라. 혈자리는 못 외우더라도 경락이 흐르는 패턴은 꼭 외워야만 대표혈이든 아시혈이든 아픈 곳 근처에 있는 혈이든 쓸 수 있는 거야.

아는 것도 중요하지만 침뜸은 기술이니까 연습이 더 중요해. 연습과 경험이 쌓인다면 침뜸을 공부하는 데는 아마추어여도 침뜸을 쓰는 데는 프로가 될 수 있어.

침과 소쿠리 뜸을 병행하고, 침을 두려워하고 꺼려한다면 침은 포기할 수 있어도 소쿠리 뜸은 포기하면 절대 안 된다!

어쩌겠니!

인생人生이란 사람이 산다는 것이고, 산다는 것은 기氣가 막힌 일의 연속이다. 어찌 피할 수 있겠느냐?

운전을 배울 때 꼭 페라리가 필요한 것은 아닌 것 같더라…….

참고 문헌

- 강화주, 『종합침구학』, 한성사, 1994.
- 김남수, 『병인병기학』, 정통침뜸연구소, 2007.
- 김석진, 『대산 주역 강의』 1, 2, 3, 한길사, 2007.
- 김세영, 『누구나 쉽게 할 수 있는 쑥뜸 건강법』, 동도원, 2005.
- 배병철, 『기초한의학』, 성보사, 2005.
- 윤홍식, "홍익학당 천부경."
- 이경우, 『황제내경 소문』, 여강출판사, 2004.
- 이경우, 『황제내경 영추』, 여강출판사, 2003.
- 이웅국, 『주역과 세상』, 문현, 2013.
- 이웅국, 『주역의 정신과 문화』, 문현, 2012.
- 이현교, 『고려침뜸연구원 교재』.

출판에 도움을 주신 분들

권용집, 김진출, 김경희, 김정현, 김주성, 강신욱, 박정화, 박영희, 박태집,
송준석, 이상철, 이인향, 이현복, 이호연, 우광식, 염진태, 연현숙, 인미경,
인동진, 윤석정, 유정호, 오세창, 이재영, 이상민, 양희철, 전두용, 정광수,
정종식, 지석주, 조혜원, 조용해, 최재석, 최경진, 최선환, 최이석, 하상수,
홍재학, 홍권식, 황인학, 화랑골프회